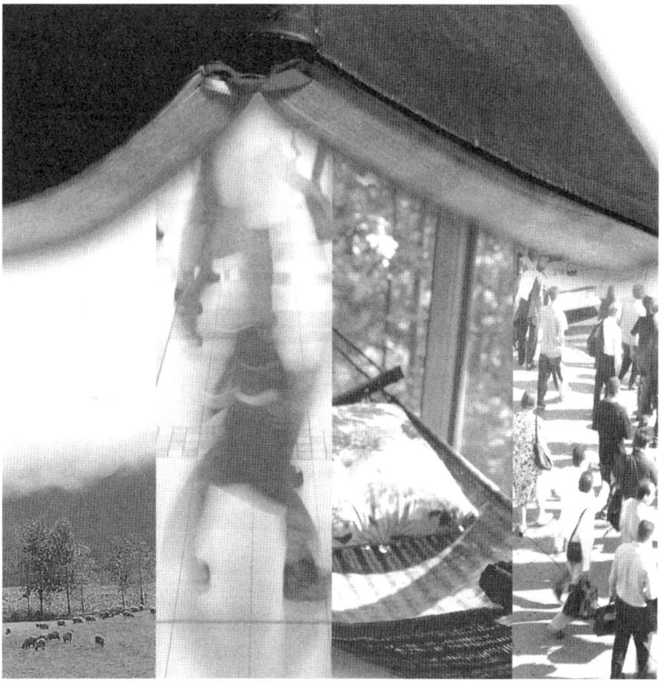

성경이 만든 우리가 사는 세상

| 강신욱 지음 |

쿰란출판사

이 책을 내면서

요즘 기독교는 그다지 호감을 주는 종교로 여겨지지 않는다. 비호감 종교의 대명사가 되었다고나 할까? 그리고 그것과 연결된 교회 역시 그다지 좋은 인상을 주지 못한다. 왜 이렇게 되었을까? 무엇보다 기독교 자체의 잘못이 많을 것이다. 기독교는 사회적으로 우리 사회가 나아가야 할 방향을 제시하지 못하고 있고, 깨끗하고 도덕적인 면을 보여 주지도 못한다. 신문, 언론에서 이렇게 저렇게 나오는 소식들이 대부분 그러하다. 또 기독교 교리 자체 문제도 이유를 들 수 있다. 편협하게 자신의 종교만을 믿어야 구원이 있다는 믿음은 모두의 고개를 설레설레 흔들게 한다. 지금은 모두의 의견을 존중해야 하는 21세기 포스트모던 시대 아닌가?

이 책은 그런 기독교의 부정적인 이미지가 상당 부분 왜곡되었음을 보여 주려고 썼다. 그렇다고 교회가 저지르는 잘못이 잘못이 아니라는 것이 아니다. 단지 기독교의 본질은 그것이 아니라는 것이다. 오히려 우리가 사는 세상의 상당 부분을 만들었다는 기독교의 본질을 보이려 했다. 그러니까 기독교 때문에 예전보다 더 좋은 세상에 살고 있다는 것을 보이려는 것이다. 워낙 기독교의 이미지가 안 좋다 보니 그게 무슨 말인가 하는 사람들도 있을 것이다. 그러나 사실은 사실이며, 이 책에 쓰여 있는 것이 사실인지 아닌지는 독자들이 스스로 다른 자료들을 찾아보면서 판단할 일이다.

첫 부분에서는 기독교와 다른 무신론, 종교들을 비교했다. 각각의 신념, 믿음에 따라 세상을 어떻게 바라보고 만들어 왔는지, 또는 만들어 갈 것인지에 대해 초점을 맞추었다. 그리고 두 번째 부분에서는 구체적으로 성경적 믿음이 한국, 로마 등의 문화, 윤리관을 어떻게 바꾸었는지에 대해 다루었다. 그리고 세 번째로 성경적 세계관이 과학적 사고방식을 어떻게 탄생시켰는지 그리고 성경과 과학은 서로 어긋나는지에 대한 문제를 다루었다. 그 밖에 예수 부활에 대한 역사적 논증, 성경의 예언에 대한 증명 문제 등도 다루었다. 전반적으로 성경이 우리가 사는 세상을 어떤 식으로 더 좋게 발전시켜 왔는지에 초점을 맞추었고, 또 성경 내용을 객관적으로 증명하는 논증들을 풀어서 쓰려고 노력했다.

각 글은 A4 용지 한 장 정도의 분량을 기준으로 했다. 그것은 이 책의 기본 내용이 원래 필자가 만든 블로그를 기초로 하기 때문이다. 그래서 깊이가 있다기보다는 여러 책들을 종합해 요약 정리했다고 보면 될 것이다. 그리고 한 주제에 한 페이지에 담기지 않을 경우에는 여러 장을 시리즈별로 써서 정리했다. 블로그 글이 흔히 그러하듯이. 그래서 각 주제별로 짤막짤막하게 글을 썼다. 만일 더 깊은 내용을 알기 원한다면 참고자료 란에 써놓은 책들과 관련 자료들을 찾아보면 될 것이다. 부디 이 책을 통해 기독교의 참 가르침이 무엇인지, 그리고 기독교가 우리가 사는 세상을 어떻게 바꿔 놓았는지를 깨닫기 바란다.

2012년 11월 1일

강 신 욱

차례 Contents

3부 무신론, 다른 종교와 말하기

4부 성경의 예언은 들어맞았는가?

5부 예수는 다시 살아났는가?

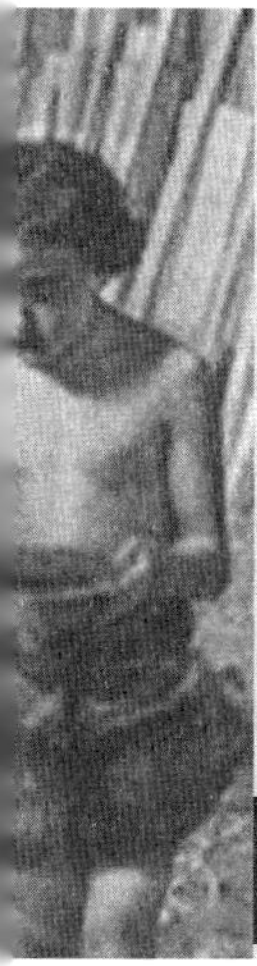

1부

성경이 만든 우리가 사는 세상

1. 결혼 1 : 염소와 결혼하고 사는 시대가 올까?

미국 〈텔레그래프〉(The Telegraph)지 2011년 10월 5일자에 충격적인 기사가 실렸다. 플로리다 주에서 드디어 동물과 관계 맺는 것을 금지하기로 결정했다는 기사가 그것이다. 타블로이드판 잡지들에 이런 사건들이 연달아 실리자 결국 주당국에서 조치를 취하게 되었다는 것이다. 한 예로 2009년 한 사람이 염소와 관계를 맺으려다가 그것을 목 졸라 죽인 사건입니다. 이 사건을 비판하는 사람들은 "매에~~는 싫다라는 뜻이다"(Baaa means no)라는 글이 적힌 티셔츠를 입고 항의를 했다고 한다.

이런 사건들에 연루된 사람들은 나름대로 논리가 있다고 한다. 나는 그 동물과 사랑에 어쩌다 빠졌다든지, 이것을 금지하는 것은 우리의 권리를 침해하는 것이라든지, 만일 이것을 금지하면 동성애도 똑같이 금지해야 공평하다든지……. 사실 이들의 주장도 일리는 있다. 왜 동성애는 괜찮은데 그들은 안되는 걸까? 왜 다른 성의 사람과 결혼하는 것은 괜찮은데 염소와 결혼하는 것은 안 될까? 도대체 올바른 결혼의 기준은 누가 만드는 걸까?

사실 결혼제도는 시대마다 달랐다. 고대 로마 때를 보자. 그 당시에는 대부분의 사회가 그랬듯이 엄격한 일부일처제는 없었다. 관계는 부부관계 밖에서도 일어날 수 있었다. 대부분의 이전 사회들이 그러하듯 여자 노예나 남자 노예는 성적인 착취의 대상이 되었다. 그리고 그리스인들은 동성애를 이성애보다 더 높이 평가했다. 왜냐하면 여성들은 2등급 인간이라고 여겼기 때문에 남성 간의 관계가 더 수준이 높다고 생각했다나? 이런 풍습을 로마도 그대로 배웠다.

이들에게 결혼은 그다지 신성한 제도라는 개념이 없었다. 결혼은 부부가 될 사람들의 아버지가 결정하는 계약관계였다. 다만 각 가문의 가장이 일방적으로 맺어 주는 관계였을 뿐이다. 그렇기 때문에 공식적인 결혼식 같은 것은 없었다. 연회는 있었지만 거룩한 관계를 선포하는 식 같은 것은 없었다는 말이다. 그래서 이혼은 언제든지 허용되었다. 결혼이 별것 아니니 헤어지는 것 또한 별것 아니었다. 결혼은 동거하기로 합의하는 것뿐이었다.

고대 로마인들에게 결혼은 단지 사람들이 만든 것뿐이었다. 그래서 힘의 논리가 뒤에 깔려 있기에 가문에서 가장 힘이 있는 가장이 일방적으로 정할 수 있었다. 이해관계에 따라 이혼은 쉽게 이루어졌고, 힘이 없는 노예들은 성적 착취의 대상이 되었다. 또 부부 사이에서 더 힘이 있는 남성은 부부 관계 밖에서 얼마든지 다른 관계를 맺을 수 있었다. 결국 결혼이란게 사람들이 서로 이야기해 만드는 것이니 힘있는 사람들에게 유리한 쪽으로 만들어지는 것이었다.

염소와 결혼하는 시대가 올까? 이제 동성과 결혼하는 시대가 아주 가까운 듯 하니 말이다. 우리는 무한한 자유를 누리는 시대를 살게 되는 걸까? 하지만 그 끝없는 자유는 가면을 쓴 거짓말일 뿐이다. 모두가 자기 마음대로 할 수 있는 자유가 있다고 하자. 하지만 그런 자유는 불가능하다. 왜냐하면 나의 무한한 자유는 바로 옆 사람의 무한한 자유와의 충돌이니까. 지하철에서 음악을 크게 틀고 들을 수 있는 자유는 바로 옆 사람의 조용히 휴식을 취하고 싶은 자유를 방해한다.

그런데 어떤 절대적인 기준도 없다고 하자. 염소와 결혼할 수도 있는 세상이라고 하자. 그럼 당신이 음악을 크게 트는 것은 공중도덕이 없는 것이라느니, 예의가 없는 것이라느니라고 말할 근거도 없게 된다. 염소와 결혼할 수도 있는 세상이니 말이다. 다만 나와 그 사람이 협상을 하고 타협을 해야 할 뿐이다. 그럼 결론이 어떻게 날까? 만일 그가 나보다 덩치가 더 크다면 그 사람은 계속 음악을 크게 들을 수 있을 것이다. 내가 덩치가 더 크다면 그 사람을 조용히 시킬 것이고. 절대적인 기준이 없다면 이렇게 된다. 결국 서로를 배려하자고 겉으로는 말할지 모르지만 힘있는 사람의 목소리만 들리게 될 뿐인 것이다.

■ 참고문헌
신현수 외, 기독교 알기(2006).
앨버트 벨, 신약 시대의 사회와 문화(2001).

2. 결혼 2 : 성경이 말하는 결혼이란?

그렇다면 성경이 말하는 결혼은 어떤 것일까? 그것은 첫째로 '하나님이 만드신 신성한 제도' 라는 것이다.

창세기 2장 20-22절을 보면 아담이 모든 가축과 공중의 새들과 들의 모든 짐승에게 이름을 지어 주었다. 하지만 아담은 자기를 도와줄 수 있는 자기와 같은 형상을 가진 짝이 없었다. 그래서 여호와 하나님께서 아담을 깊이 잠들도록 하셨다. 아담이 잠든 사이, 여호와 하나님께서 아담의 갈비뼈 하나를 꺼내시고, 그 자리를 살로 메우셨다. 그리고는 아담에게서 꺼낸 갈비뼈로 여자를 만드시고 그녀를 아담에게 데리고 가셨다고 쓰여 있다.

결혼은 사람들끼리 합의해서 맺을 수도 있고 끊을 수도 있는 것이 아니라 하늘이 맺어준 신성한 관계라는 것입니다.

둘째로 '결혼은 하나의 남자와 하나의 여자가 맺는 관계' 라고 한다.

마태복음 19장 4-5절을 보면 예수께서 이렇게 말씀하셨다. '사람을 만드신 분, 즉 하나님이 사람을 남자와 여자로 만드시고 남자는 부모를 떠나 아내와 합할 것이다. 두 사람이 한 몸이 될 것이다' 라고 하셨다고, 이것은 창세기 1장 27절 2장 24절을 인용한 것이다. 결혼하기 전에는 부모가 가장 가까운 관계일지 모른다. 그러나 하나의 남자와 하나의 여자가 만나 결혼하면서 한 몸을 이루는 가장 친밀한 관계가 시작된다는 것이다. 여기서 기독교 문화권에서부터 시작된 일부일처제를 볼 수 있다. 세상이 창조될 때 하나님께서는 남자 하나와 여자 하나를 만드시고 짝을 이루게 하셨다는 것이다. 남자 하나에 여자 여럿이 아니다. 이 안에는 인간 평등, 특히 남녀 평등의 메시지가 숨어 있다. 예전에 일부다처와 첩을 두던 관습은 인간의 욕심에 끌려 된 것이라는 말이다.

또한 위의 사항은 성경이 동성애를 분명히 반대한다는 것을 보여준다. 그 이유는 먼저 그것은 자연의 법(신이 준 질서)에 어긋나기 때문이다.

로마서는 사도 바울이 로마에 있는 교회에 쓴 편지이다. 그곳에 널리 퍼진 동성애에 대해 이렇게 쓴다. 여자들은 남자들과의 자연스러운 성 관계를 여자와 성 관계를 갖는 것으로 바꾸었습니다.

이와 똑같이 남자들도 여자들과 행하는 자연스러운 성 관계를 버리고 남자들끼리 정욕에 불타, 남자가 남자와 부끄러운 짓을 했다(롬 1:26-27).

그리고 성경은 그것이 또 하나님의 법에 어긋난다는 것을 보여준다(딤전 1:9-10). 신이 정한 자연의 질서를 어기는 것은 곧 법을 어기는 것이라는 말이다. 자연의 법이 그가 정한 법이니까.

셋째로 그리고 성경은 '음행한 경우 외에는 이혼을 할 수 없다' 고 말한다.

성경에 보면 어떤 사람들이 예수께 남자가 아내를 버려도 좋은가 묻는다. 예수님은 구약의 법전을 쓴 모세는 뭐라고 말했는지 되물으신다. 그러자 모세는 남자가 이혼 증서를 써 주어 이혼하면 된다고 말했다고 대답한다.

예수께서는 모세가 그렇게 쓴 것은 너희가 악하기 때문이라고 말씀하신다. 다시 말해, 말해도 듣지 않을 것이니 차라리 지킬 정도로만 썼다는 것이다. 원래의 원칙은 그게 아니라는 것이다(이것은 구약의 일부다처와 그 밖에 모든 다른 방식 결혼방식에도 적용되는 말씀이다). 마가복음 10장 9절에는 하나님이 짝 지은 것을 사람이 나눌 수 없다며, 하늘이 맺은 관계를 함부로 끊을 수 없다고 말씀하신다.

그래서 " '누구든지 아내와 이혼하는 사람은 이혼 증서를 주어야 한다' 라는 계명을 너희가 들었다. 그러나 내가 너희에게 말한다. 음행한 경우 외에 자기 아내와 이혼하는 사람은 아내로 하여금 간음하게 하는 것이다. 이혼한 여자와 결혼하는 사람도 간음하는 것이다" 라고 마태복음 5장 31-32절에서 말씀하신다.

성경은 결혼은 일대일의 남녀가 맺는 관계라고 말한다. 그리고 한 번 맺으면 계속 지속되어야 한다고 말한다. 그것은 신성한 관계이기 때문이다. 만일 다른 종류의 결혼을 원한다면? 예를 들면 동성이나 동물? 그것이 어떤 기준을 따르는지 반드시 물어야 할 것이다. 만일 어떤 기준이든 괜찮다고 말한다면 그 무한한 자유의 끝이 어떤 것인지도 알아야 한다. 그것은 겉으로는 관용의 논리를 쓸지 모르지만 결국 힘의 논리에 좌우 될 것이다. 나의 자유와 너의 자유가 충돌할 때 항상 덩치 큰 사람의 자유만 허용될 테니. 물론 외면적으로는 서로를 인정한다는 너울을 쓰겠지만.

3. 결혼 3 : 배우자와의 관계

그렇다면 성경은 배우자를 서로 어떻게 대해야 한다고 말할까? 그것은 왜 결혼이 필요한지에 대한 답을 알아야 할 것이다. 성경은 결혼이 서로를 도울 사람이 필요하기 때문에 만들어졌다고 말한다.

여호와 하나님께서 말씀하셨다. "남자가 혼자 있는 것이 좋지 않으니, 내가 그에게 그를 도울 짝을 만들어 줄 것이다"(창 2:18).

험난한 인생의 항로를 잘 가기 위해서는 서로를 도울 사람이 필요하다. 한 사람이 쓰러지면 다른 사람이 옆에서 그를 일으켜 세워 줘야 한다는 것이다. 그래서 짝은 서로를 의지하기 위해 필요하다.

그리고 성경은 결혼이 서로를 존경하고 사랑하는 한 몸의 관계라고 말한다.

"아내들은 주님께 순종하듯이 남편의 권위에 순종하십시오. 남편들은 그리스도가 교회를 사랑하듯이 아내를 사랑하십시오. 그리스도는 생명을 내어주시기까지 교회를 사랑하셨습니다"(엡 5:22, 25).

사랑은 서로를 섬기는 관계이다. 아내는 남편을 존경하고 따라야 한다. 그리고 남편은 예수께서 인간을 사랑하셨듯 아내를 사랑하여야 한다는 것이다. 그런 사랑을 보여 주는 한 예가 있다. 마지막 만찬 때 예수께서는 제자들의 발을 씻겨 주셨다. 모래 먼지가 많고 메마르며 샌들을 신고 다니는 중동지역에서 모래 먼지로 발은 항상 더러운 부분이었다. 더구나 당시 발을 씻기는 것은 노예가 주인을 위해 하는 행위였다. 남편은 그렇게 아내를 사랑하라는 것이다. 성경은 예수가 교회를 사랑한 것같이 남편이 아내를 사랑해야 한다 가르친다. 결혼은 그렇게 사랑으로 서로를 섬기고 존중하는 관계이다.

원래 부부 관계는 이 세상에서 가장 친밀한 관계였다. 아담은 최초의 여자, 자신의 아내를 보며 이렇게 외친다. "아, 내 뼈 중의 뼈요, 내 살 중의 살이구나. 남자에게서 나왔으므로 여자라고 부를 것이다." 그리하여 남자는 자기 아버지와 어머니를 떠나 아내와 한 몸을 이루게 되는 것이다. 아담과 그의 아내는 벌거벗었지만 부끄러워하지 않았다(창 2:23-25).

그들은 죄가 이 세상에 들어오기 전 원래의 부부관계를 보여 준다. 그것은 기쁨과 희열의 관계였다. 그들은 한 몸이 되는 체험을 한 것이다. 왜냐하면 그들은 원래 한 몸이었기 때문이다. 결혼하기 전에는 부모가 가장 친밀한 관계가 모르지만 결혼을 한 후에는 부부관계가 가장 친밀한 관계가 되는 것입니다. 그것이 원래의 이치라는 것이다.

배우자와의 관계에서 또한 중요하게 여기는 것은 그들의 육체관계이다. 기독교는 결코 영적인 것만을 다루지 않는다. 인간은 영혼과 육체 모두를 가진 존재라는 것을 항상 기억하고 있다. 그래서 결혼을 하는 또 다른 중요한 이유가 성적인 방탕에 빠지지 않기 위해서라고 한다.

성경은 음행이 성행하고 있으므로, 남자마다 자기 아내를 두고 여자도 자기 남편을 두라고 말씀한다(고전 7:2).

성경이 말하는 부부관계는 사랑과 존중으로 서로를 대하는 것이다. 죄가 들어오자 어느덧 이런 관계는 지배와 종속의 관계가 되었었다. 그래서 대부분의 나라에서 결혼은(특히 여성에게) 속박과 고통의 제도가 되기도 했다. 집안의 뜻에 따라 강제로 결혼해야 하기도 했고, 가난한 집에서는 딸을 첩으로 보내야 하기도 했다. 그리고 결혼한 후에도 여성은 남성의 소유물 같은 위치에 있었다. 물론 지금은 우리 주위에서 그런 모습을 볼 수 없다. 하지만 우리나라도 100년 전만 해도 그런 관습은 흔했다. 성경은 부부관계를 사랑으로 가득 찬 일대일의 인격적인 관계라고 가르쳤다. 우리에게 이런 모습이 바람직한 기준이 된 것은 그리 오래되지 않았다.

4. 초대 한국교회의 사회개혁운동 : 교육/의료

기독교는 근대 조선을 개화하는 데 많은 도움을 주었다. 그 중 첫 번째로 꼽으라면 바로 근대적인 교육을 가르치는 학교들을 세운 것이다. 당시 서양의 발달된 교육을 하기 위해서는 근대식 학교들이 세워져야 했다. 그것을 위해 많은 서양 선교사들은 고국의 교회들에서 헌금을 걷어와 조선에 여러 중고등학교, 대학교들을 세웠다. 예를 들면 1885년에 배재 학당 (감리교, 서울), 1886년에 이화학당(현 이화여대의 효시, 감리교, 서울), 1886년에 경신학교(장로교, 서울), 1887년에 정신여학교(서울), 1894년에 광성학교

(감리교, 평양), 1894년 숭덕학교(감리교, 평양), 1898년에 맹아학교((평양), 1901년에 장로회신학교(장로교, 서울), 1905년에 영명학교(감리교, 공주), 1906년에 계성학교(장로교, 대구), 1907년에 신명여학교(장로교, 대구), 1908년에 창신학교(장로교, 마산) 등이 그들이 세운 학교입니다.

두 번째로 기독교가 조선이 눈을 뜨는 데 도움을 준 것은 바로 한글교육을 강조한 것이다. 당시에는 한글은 천시하는 경향이 있었다. 하지만 기독교에서는 적극적으로 한글교육을 실시하였다. 그래서 원칙적으로 모든 교인들이 한글을 읽을 수 있도록 계몽하였고, 서른 살 미만인 사람들은 누구나 성경을 읽을 수 있을 때까지 세례를 받을 수 없었다. 그리고 남편들은 자기 아내가 한글을 깨칠 때까지 세례를 받을 수 없었다. 당시에는 여성들의 교육 수준이 형편 없었던 것을 생각해 보면 대단한 정책이 아닐 수 없다.

한글학자 최현배가 쓴 "기독교가 한글에 미친 영향"(〈새문안 교회 문헌 사료집〉 438-486)에 보면 기독교가 한글이 민중 사이에 전파되도록 하기 위해 어떤 공헌을 했는지를 밝히고 있다. 즉, 기독교는 1) 한글을 민중 사이에 전파했으며, 2) 신도들은 사상표현의 말씨를 배우고 글 읽고 글 쓰는 방법도 배웠고, 3) 한글에 대한 존중심을 일으키고 한글을 지키는 마음을 길러 주었다고 한다. 그리고 4) 한글의 과학적 가치를 인정했으며, 5) 배달의 말글을 세계에 전파하였고, 6) 한글만 쓰기 기운을 조성하였다고 한다.

기독교는 단지 교육만을 강조하지는 않았다. 즉, 일에 대한 생각을 바꿔 주었는데, 그것은 실업학교들을 세우면서 실천에 옮기기도 했다. 당시에는 노동은 상놈이나 노비들이나 하는 천한 것이라는 사고방식이 퍼져 있었기 때문에 그런 사상과 실천은 획기적인 것이었다. 그래서 양반들은 아무리 가난해도 굶어 죽으면 죽었지 일을 안 하고 사기나 착취나 도박, 주정에 빠졌다고 할 정도의 부작용이 있다. 그래서 여러 실업학교를 세워 노동은 신성한 것임을 가르치고, 여러 기술들을 가르치며 그 가르침을 실천에 옮겼던 것이다.

사실 기독교는 일하는 것이 정상이고 일하지 않는 것이 비정상이라는 가르침을 낼 수밖에 없다. 성경 첫 부분이 바로 창세기인데 그것은 이 세상과 우주를 만드시는 일하시는 하나님의 모습에서 시작된다. 예수님은 목수셨고, 신약성경을 가장 많이 쓴 사도 바울은 텐트 만드는 사람이었다. 성경은 어느 곳을 읽어 봐도 일하는 것을 건강하고 바람직한 것으로 묘사한다. 결코 천하다고 생각하지 않는다.

그리고 초대 한국 기독교가 조선을 도운 점 중 하나는 결핵과 나병을 퇴치한 것이다. 결핵은 흔히 후진국에서 발생하는데, 당시 조선은 100만 명 정도가 이 병을 앓았다고 한다. 초대 한국 기독교에서는 병원을 만들어 이 문제를 해결한다. 1920년에 세브란스 병원의 내과의사였던 스타이츠는 일금 600원을 들여 최초의 결핵 병원을 서울에 세운다. 평양에는 1925년에 결핵진료소가 세워졌으며, 결핵 퇴치를 돕기 위해 크리스마스 실 판매운동을 시작하기도 한다. 미국 북장로교에서는 최초로 나병치료를 시작한다. 그리고 최흥종 목사와 여러 유지들에게 지원금을 받아 나병근절협의회 만들기도 한다.

■ 참고문헌

김인수, 한국 기독교회의 역사(1998).

5. 초대 한국교회의 사회개혁운동 2 : 인권 향상

한국의 초대 기독교가 끼친 또 다른 공헌은 바로 인권을 높이는데 여러모로 도움을 주었다는 것이다. 예를 들면 여성 인권의 향상을 위해 여러 공헌을 했다. 구체적인 예를 보면, 장로교 공의회에서는 여성인권결의안(1901)을 낸 적이 있다. 그 내용은 1) 남녀가 장성하기 전에 혼인시키는 것을 철폐하고, 2) 과부가 두 번 시집가는 것을 못하게 하는 것을 철폐하며, 3) 혼인 맺을 때 돈 받는 것을 금지하고, 4) 부녀를 압제하고 멸시하는 것을 철폐하라 등을 결의했다. 또한 감리교에서는 1895년에 선교사연회에서 일부다처주의를 정죄하고 첩을 가진 자는 교인으로 승인 안 하기로 결정한다. 그리고 여성교육을 시작하여 감리교에서 이화학당(현재의 이화여대의 원조)을 세운다. 또한 황해도 평산 감바위교회에서는 부부가 서로 존댓말을 쓰고 한 자리에서 식사할 것을 결정한다.(〈그리스도신문〉 1901. 6.20), 그래서 여성 인권은 여러모로 향상되게 된다. 그래서 미국의 장로교 선교사인 언더우드는 기독교 때문에 조선 남성들이 여성들이 집에서 고된 일만 해서는 안 되고 즐거움도 가져야 한다는 것을 깨달았다고 그의 책에서 쓰고 있다 (The Call of Korea, p. 52-53).

또한 초대 한국 기독교는 계급제도 타파에도 앞장선다. 당시에는 선비는 존대받고 기술자, 상공인은 천시받았으며, 특히 노비, 백정은 인간 이하의 취급을 받았다. 그래서 노비는 재산으로 매매, 상속되었고 증여의 대상까지 되었다. 노예 1인당 말 한 필 가격이었다고 한다. 하지만 기독교는 모든 인간은 신 앞에 평등하다는 믿음을 가지고 이런 악습을 고쳐 나갔다. 그 과정은 기독교인들이 직접 모범을 보이면서 다른 사람들을 감동시켜 생각을 바꾸게 만드는 것이었다.

예를 들면 고종 황제 의사였던 에비슨은 당시 천하게 여겨지던 백정 집에 직접 가서 치료를 해주어서 모든 사람을 깜짝 놀라게 만들었다. 또 내무대신 유길준에게 백정도 상투를 틀고 갓을 쓸 수 있는 권한을 달라는 요청의 편지를 보냈다. (당시에는 조선 남성의 명예의 상징이 상투 틀고 갓 쓰는 것이었다고 한다). 피 한방울 섞이지 않은 전혀 다른 나라 민족의 천한 계급으로 여겨지던 사람들에게 이런 관심과 염려를 보이는 것만으로도 기독교가 어떤 가르침을 갖고 있는지를 보이는 데에 충분했다.

이런 아름다운 이야기들은 심지어 신문에까지 소개되어 나오기도 했다. 〈그리스도 신문〉 1906년 5월 24일자에 따르면,

"순안 박인시 씨는 그 종을 속량하야 딸을 삼았고, 평양 서촌 창마을 리씨는 주를 밋기 전에 일개 비자를 천여 금을 주고 사다가 부리다가 자기가 죄에서 속량하고 은혜로 하나님 딸이 됨을 깨닫고 그 종에게 하는 말 '내가 지금 주께 기도할 때와 성경말씀을 생각할 때마다 너를 종으로 두는 것이 늘 마음에 불안하고 다시 팔자 한즉 인생을 차마 짐승같이 매매하는 것이 하나님의 사랑하시는 뜻에 합당치 아니한즉 오늘부터 너를 속량한다' 하고 문서를 내어 소화하고 친딸같이 사랑한다 하니……"라는 기사를 싣고 있습니다.

신분제도를 없애려는 노력은 전 교회 교파적인 차원에서도 일어났다. 1903년에 감리교 연회록의 결정사항을 보면 다음과 같다. 1) 교인은 노예를 소유할 수 없고 노예제도를 지지해서는 안 된다.

2) 노예가 있으면 해방하라. 3) 과부매매는 죄악이며 그 죄를 지은 자는 처벌받아야 한다. 이렇게 개인적으로 또 전 교회적으로 신분 타파와 평등사상을 전파하며 기독교는 조선을 변화시켜 갔다.

또한 모든 인간을 평등하게 대우하며 사람들의 인권을 향상시키려는 노력은 장애인을 위한 노력에서도 빛났다. 전통적으로 한국사회에서는 장애인을 '병신' 이라고 하며 그 가족들까지 멸시하였다. 하지만 기독교는 모든 인간은 하나님의 형상을 가진 귀한 존재라는 믿음을 갖고 그들을 다르게 보았습니다. 그래서 세워지게 된 것이 맹학교이다.

평양에서 감리교 의료 선교사 윌리엄 홀이 점염병으로 죽고 그의 부인 로제타 홀이 이어받아 일을 했었다. 그러다가 1894년 앞 못 보는 소녀 하나를 데려다 가르쳤는데 이것이 한국 맹아학교의 효시가 된다. 1906년에 뉴욕의 클락 여사가 자금 보내주어 교실을 마련하게 되었고, 1907년~7명, 1909~12명, 1915~40명의 학생이 수업을 했으며, 점자 기술들을 가르친다. 장로교는 평양의 마펫 목사의 부인 앨리즈가 남자를 위한 맹학교를 시작하였다. 1915년에 조선이 일본에 합병되자 잠시 중단했다가 1935년에 이창호 목사님에 의해 다시 재개되었다.

■ 참고문헌

김인수, 한국 기독교회의 역사(1998).

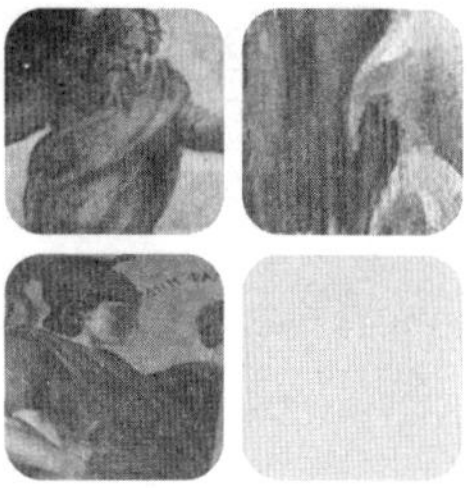

6. 기독교와 고대 로마의 인권

고대 로마인에게 법이란 단지 습관과 관습에 따른 것일 뿐이었다. 어떤 도덕도 법도 절대적인 것이 아니고 그 공동체에서 정한 것이라는 생각이 지배적이었다. 로마는 건국자 로물루스와 로마 초기 왕 중 하나인 누마가 물려준 법에 기초한 12표법을 중요하게 여겼다. 하지만 이 법이 어떤 신으로부터 받은 절대적인 성격을 가지고 있다고 생각하지 않았다(이것은 고대 그리스인도 마찬가지였다).

예를 들어 그리스인이나 로마인이나 간음하지 말라고 가르쳤다. 하지만 그것은 그것이 죄이기 때문이 아니고 소유권 침해였기 때문이었다. 즉, 상대방의 배우자의 것인데 그것을 훔치면 보복받을까 하는 두려움 때문에 그랬던 것이다. 만일 보복 받을 일이 없다면 아무 문제가 없었다. 사실 그들의 신들도 그렇게 행동했다. 제우스, 아폴로, 포세이돈 등 많은 신들이 간음과 강간을 아무렇지도 않게 저질렀다. 그들에게 절대적으로 지켜야 하는 법이란 없었다. 단지 피해자에게 보복만 받지 않으면 뭐든지 괜찮다는 식이었다.

그러니 이들에게 인간이 하늘로부터 태어날 때부터 받은 권리가 있다는 것 같은 개념은 전혀 없었다. 지금 보면 가장 잔혹하고 살벌한 사회가 된 것은 당연한 것이다. 예를 들면 만일 아기를 낳았는데 그 아이가 기형아거나 딸이거나 아이 아빠가 의심스러우면 가장은 그 아기를 버릴 수가 있었다. 버려진 아기는 죽거나 자식이 없는 사람이 가져가거나 노예 장수가 가져갔다고 한다. 어린 아기이니 다 큰 가장과 가족들에게 보복할 일이 전혀 없으니 아무 꺼리낌이 없었던 것이다.

또한 이들에게는 사디즘의 문화도 있었다. 수만 명에서 수십만 명을 수용할 수 있는 로마 경기장에서는 노예나 죄수 또는 전문 직업인이 서로를 죽이는 게임을 했다. 결투 전에 신화 이야기, 예를 들면 반우반인 – 미노타우로스 – 을 낳는 신화를 재현하려고 여인에게 황소와 강제로 성교를 하게 하고 죽이거나, 노새와 창살 안에서 성교를 하게 하고 사자를 들여보내 노새와 여자 중 누구를 먼저 먹나 내기를 하는 등의 게임을 했다. 가장 인기 있던 게임은 30-40명 죄수들 눈을 가리고 서로를 죽이기 해 그중 살아남는 한 명을 놓아주는 것이었다고 한다. 이들은 모두 노예와 같은 처지라 보복할 능력이 전혀 없는 사람들이었으니 갈 데까지 간 것이었다.

기독교는 이런 관행들을 비판하며 고치려 했다. 갓난아기를 밖에 버려 죽게 내버려 두는 풍습에 대해 초대 기독교 신학자인 터툴리안은 갓난아이들을 '추위와 개들'에 의해 죽게 내버려 두는 것은 잔인하다며 비난했다. 3세기 초 알렉산드리아의 클레멘스 역시 외국산 애완동물은 기르면서 자기 아이들은 밖에 내다버리는 부자들을 통렬히 비난다. 이러한 비인간적인 문화들은 기독교의 전파로 자연스럽게 없어지게게 된다. 기독교인이 된 콘스탄티누스 황제는 325년 검투사 경기를 없애려 했으나 대중의 반발로 실패한다. 404년 텔레마쿠스라는 수도사가 로마의 경기장에 뛰어들어 두 검투사가 싸우는 것을 뜯어말리자 군중들은 화가 나 그를 찢어 죽였다고 한다. 기독교인이었던 테오도시우스 황제는 격렬한 싸움만큼은 못하도록 금지령을 내렸다. 그 후 게르만족이 로마를 멸망시키면서 자연스럽게 그 잔인한 게임의 운명을 끝냈다.

왜 기독교는 이런 풍습에 격렬하게 반대한 것일까? 그것은 기독교가 절대적인 하나님의 법이 있다고 믿었기 때문이다. 그 법은 모든 인간이 소중하다고 가르친다. 성경은 인간이 하나님의 형상을 따라 창조되었다고 한다. 즉, 귀한 하나님의 속성이 있다는 것이다. 그래서 모든 다른 동물보다 소중하고 세상을 지배할 권리를 갖는다고 한다(창 1:26-28; 시편 8편). 그래서 어린이마저도 소중한 존재라고 가르친다. 그것은 어린이가 예수께 오는 것을 제자들이 꾸짖자 예수님이 오히려 제자들을 꾸짖는 데서도 볼 수 있다(막 10:13-16; 눅 18:15-17; 마 19:13-15). 또 그것은 처음 이스라엘이 계급제도인 왕을 세우려 할 때도 나타난다. 하나님은 그것을 어리석은 짓이라며 꾸짖으신다. 그러나 어리석은 인간들이 계속 고집하자 할 수 없이 허용하며 허용한 것 자체가 그들에 대한 심판이라고(왜냐하면 그 제도 아래서 엄청난 불평등을 겪을 것이기에) 말씀하신다(삼상 8:4-22). 이 모두가 절대적인 하나님의 법은 모든 인간이 존엄하다는 것을 가르치는 것이다.

■ **참고문헌**

앨버트 벨, 신약 시대의 사회와 문화(2001).

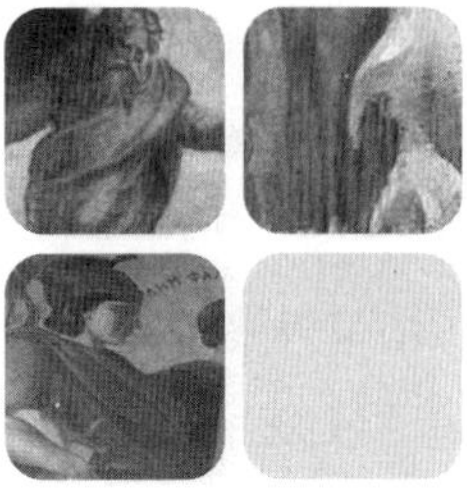

7. 기독교와 로마의 나눔 문화

위에서 보았듯이 로마는 신이 내린 절대적인 법 같은 것은 없다고 생각했다. 단지 개개인이 공동체 안에서 타협과 정치를 통한 규칙 정하기가 있었을 뿐이다. 그러니 타협하는 사람들 사이에서 약자는 가장 불리한 처우를 받아야만 했다. 가난한 자를 도와야 한다는 의무감조차 없었다. 가난은 신의 뜻이거나 자신의 어리석음 때문에 생겨났기에 오히려 조롱거리가 되었다. 만일 자신보다 처지가 못한 사람을 돕는다면 그것은 자신의 정치적 이익을 위해서이거나 명성을 좋게 하여 만일의 사태를 대비하기 위한 것이었다. 세네카의 말, "네 부하에게 친절하라! 운명의 장난으로 그가 너의 상사가 될 수 있기 때문이다"는 그런 정신을 한마디로 보여준다. 즉, 이기적인 목적을 위해서만 약한 자를 도왔을 뿐이다.

그러니 고대 로마가 인류 역사상 가장 불공평한 사회가 된 것은 놀라운 일이 아니다. 당시 빈부격차는 역사적으로 유례가 없는 것이었다. 보통 700-17,000배 정도의 빈부격차가 있었다고 한다. 그리고 계급도 재산에 따라 매겼다. 예를 들어, 원로원계급은 100만 세스테르티우스 이상의 재산이 있어야 했고, 기사계급은 40만 세스테르티우스 이상이 있어야 했다. 감찰관은 재산을 부풀려서 신고했는지 감사했다고 한다. 이 지위를 잃는 것은 많은 특권과 명예를 잃는 것이기에 어떻게든 지켜내려 발버둥을 쳤다. 어떤 종류의 복지제도도 없었고 자선단체도 없었다. 빈부격차를 억제하는 제도 자체가 없었던 것이다.

하지만 기독교는 다르게 가르쳤다. 어려운 사람을 도와야 한다고 가르쳤고, 너무 큰 빈부격차는 억제하고 적당한 격차만을 인정하라고 가르쳤다. 그것이 신이 내린 법이라고 믿었다. 그래서 1) 땅은 하나님의 것이며 사람은 단지 땅의 임시 거주자라고 말씀한다(레 25:23). 당시는 농경사회라 땅이 모든 재산의 기초였다. 땅부자가 진짜 부자였다. 그런데 그 땅이 신의 것이라는 것이다. 어떤 특정한 사람이 한정된 재산(땅)을 영원히 갖는다든지 하는 것을 생각지 말라는 것이다. 또 2) 가을 추수 때 가난한 자들—약자, 고아, 과부, 외국인 등—을 위해 곡식을 다 걷지 않고 어느 정도 남겨 놓아 그들이 가져가게 한다(성경에서 고아와 과부는 사회적 약자의 대명사였다. 당시에는 경제권이 남성에게만 있어 남편을 잃게 되면 과부들 그리고 그의 아이들은 바로 최하층으로 떨어지기 일쑤였기 때문이다, 신 24:19).

또 3) 소득의 십분의 일은 땅이 없는 레위족들, 떠돌이, 고아, 과부들에게 주라고 한다. 이것은 현대 교회 십일조의 원조이다. 레위족은 이스라엘에서 성전 일만 하던 족속으로 이들도 땅이 없었기에 약자였다(신 14:28-29). 그리고 4) 임금은 해가 지기 전에 주어야 한다고 한다(신 24:14-15). 그리고 5) 돈을 꿔줄 때 이자를 받지 말라고 한다. 당시 많은 빚은 노예를 만들었다(레 25:35-37). 그리고 6) 맷돌이나 겉옷을 담보물로 잡지 말라고 한다. 맷돌은 기본적인 음식을 만드는 곡식을 갈기 위해 필요한 도구였고, 겉옷은 당시에 잘 때 이불, 요로도 사용했던 것으로 둘 다 기본적인 생존에 가장 필요한 것이었다(신 24:6, 10-13).

그리고 7) 일주일 중 하루는 너뿐 아니라 모든 일꾼, 자녀까지 쉬어야 한다고 한다(출 20:9-10). 이것은 모든 사람이 갖는 쉼의 권리를 말하는 것으로, 일주일에 하루 쉬는 일요일 제도의 원조가 된다. 그리고 7년째에 땅은 쉬게 하며 모든 노예는 해방해야 한다.

(레 25:3-5; 출 21:2-6). 이것은 현대 안식년의 시조이다. 그리고 50년 마다 토지들은 원래 주인에게 돌아간다. 원래 이스라엘 땅은 처음에는 각 사람이 평등히 나눠 가졌으나 시간이 흐르면서 토지 소유의 불평등이 일어났을 것이고, 그 소득 차이를 50년 마다 다시 시정하라는 말씀인 것이다. 그것을 희년이라 한다(레 25:8-13).

신약 시대에 와서 이 나눔의 정신은 더 강화된다. 그래서 8) 초대교회의 믿는 사람들은 자신의 것을 공동 소유인양 팔면서 어려운 자들을 서로 도우며 살았다고 한다(행 2:44-47). 로마 시대 당시 교회는 성경의 정신을 바탕으로 교회를 중심으로 어려운 자들을 돕는 자선활동을 시작하였다. 자선의 개념이 없던 때에 심지어는 그리스 쪽 교회 사람들이 외국인인 이스라엘의 예루살렘 교회의 가난한 사람들을 위해 헌금을 걷어 보내는 해외 원조까지 시행하였다. 이것은 아마도 인류 최초의 해외원조일 것이다. 그렇게 성경의 나눔 정신은 확산되어 이어져 내려오고 있다. 그래서 현대의 기부문화, 복지제도, 빈부격차를 줄여야 한다는 사고방식을 만들어 지금까지 영향을 끼치고 있는 것이다.

■참고문헌
손호현, 인문학으로 읽는 기독교 이야기(2008).
앨버트 벨, 신약 시대의 사회와 문화(2001).

2부

성경과 과학

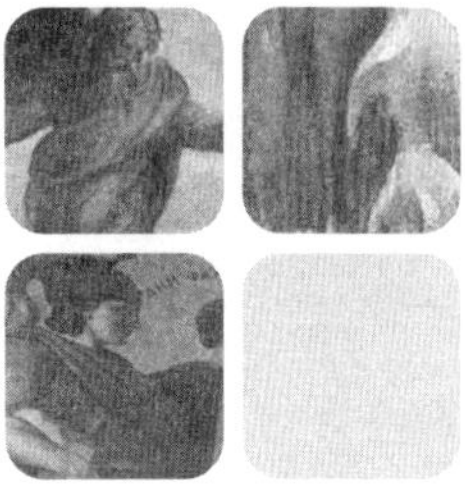

1. 성경의 창조 이야기는 붕어, 과학은 붕어빵(1)

우리는 판단한다. 그러므로 존재한다. 일본 매체가 구하라를 성적으로만 바라보게 하는 것은 잘못되었다. 왜냐하면 그것은 일대일 남녀의 부부 간에만 제한되는 것이기 때문이다. 마찬가지로 웹툰 신의 탑에서 주인공이 자신이 사랑하는 한 소녀를 좇아 탑에 들어가는 것은 정상이다(여러 여자를 좇는 것이 아니라……). 로즈 데이에 남녀가 사랑을 장미로 고백하는 것도 바르다고 본다. 하지만 여배우 란옌의 커밍아웃은 문제로 본다. 이 모는 판단 기준은 무엇일까?

기독교에서는 그것을 창조 질서라 한다. 예수께서 창세기 때의 아담과 하와의 부부관계가 가장 바른 창조 질서라고 하셨다(마 19:4-5). 일대일의 남녀 관계, 처음에 그렇게 지어졌기 때문이라는 것이다. 기독교의 창조 이야기는 남녀의 윤리적 틀을 제공한다. 하지만 아담과 하와를 포함한 창조 이야기가 실제 있었다고 볼 수 있을까? 다른 종교에서 말하는 것은 무엇인가?

미국의 유명한 과학자인 휴로스는 진리를 이렇게 찾았다고 한다. 각 종교들의 경전들을 현대 과학의 성과들과 비교한 것이다. 그러다가 기독교에 입문하게 되었다고 한다. 여기서 우리도 그렇게 해보자. 각 종교와 신화 속 창조 이야기와 성경 속 창조 이야기를 현대 우주론과 비교해 보자. 그럼 어떤 것이 참된 진리인지 알 수 있지 않을까? 먼저 다른 종교들 속 창조 이야기—특히 고대 4대 문명권인 이집트, 바벨론, 인도, 중국의 창조 이야기—를 훑어보자.

이집트의 창조 이야기는 도시별로 여러 종류가 있다. 즉, 헬리

오폴리스, 멤피스, 헤르모폴리스가 각각의 창조 이야기를 가지고 있다. 그리고 이집트 창조 이야기는 여러 피조물의 창조를 자세히 묘사하지 않는다. 단지 지나가면서 어떤 신이 모든 것을 창조했다는 식으로 묘사한다.

바벨론의 창조 이야기로는 에누마 엘리쉬가 유명하다. 여기서 마르둑 신이 우주를 창조한다. 그는 전쟁을 벌인 후 패배한 여왕 티아맛의 몸으로 우주를 창조한다. 그 시체를 둘로 나눠 반으로 하늘을 만든다. 다음 성좌를 만들고 북극성을 배치한다. 티아맛의 머리 위에 산을 쌓고 그녀의 눈을 뚫어 유프라테스와 티그리스 강의 시작점이 되게 한다 등등. 그다음 사람을 만든다.

인도의 대표적인 창조 이야기는 뿌루샤 찬가(리그 베다 10권에 실린 90번째의 짧은 찬가)에 나온다. 리그 베다는 힌두교 경전이기도 하기 때문에 이것은 곧 힌두교의 창조 이야기이다. 뿌루샤 신의 몸의 4분의 3으로 신들이 창조되고 그의 몸의 4분의 1로 모든 창조물이 창조된다(3, 4).

그다음 그로부터 두 번째로 원초적 인간인 뿌루샤가 창조된다(5). 그 두 번째 뿌루샤는 신들을 위한 희생제물이 된다(6, 7). 그 희생제물에서 짐승들이 만들어진다(8). 또 그 뿌루샤에서 인도의 네 계급 족속들이 만들어진다(11, 12). 달이 그의 마음에서 창조되고, 태양이 그의 눈에서 태어나고, 호흡에서 바람이 탄생하고, 배꼽에서 허공이 만들어지고 머리에서 하늘이 만들어지고 발에서 땅이, 귀에서 방향이 만들어진다(13, 14).

■ 참고문헌

각묵, 디가 니까야(초기불전연구원, 2006).

신화 아카데미, 세계의 창조신화(서울: 동방미디어, 2001).

달라스 윌라드 편집, 세상이 묻고 진리가 답하다(서울: 한국기독학생회출판부, 2011).

Stanley L. Jaki, Science and Creation(Lanham, New York: University Press of America, 1990).

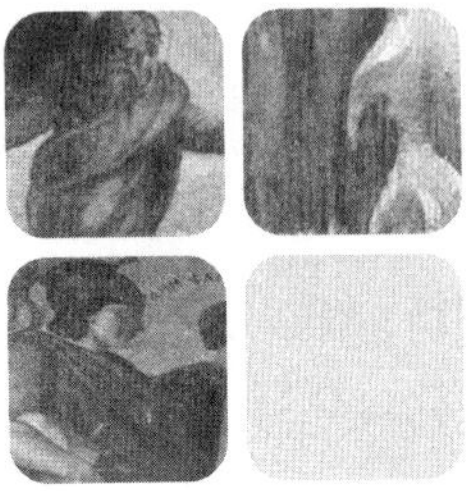

2. 성경의 창조 이야기는 붕어, 과학은 붕어빵 (2)

로즈데이, 구하라 사건, 란옌의 커밍아웃 등의 윤리 기준을 기독교에서는 창조 질서에서 찾는다. 그렇다면 성경의 창조 이야기는 사실인가?

중국에는 우주 창조를 철학적으로 설명하는 한 흐름이 있다. 예를 들면 〈회남자〉(淮南子)의 정신훈(精神訓)에 보면 아직 천지가 만들어지지 않았을 때 아무 형태도 없고 고요하고 컴컴했는데 두 신이 나타나 섞여 천지를 만든다. 그리고 둘로 나뉘어 음양이 되고, 또 나뉘어 팔극이 된다. 난잡한 기운은 벌레가 되고 맑은 기운은 사람이 되었다.

중국의 대표적인 창조 이야기는 최초의 인간 반고 이야기이다. 〈삼오역기〉(三五歷記)에 보면 천지는 혼돈하고 계란 같았는데 반고가 그 속에서 태어난다. 일만 팔천 년이 지나 하늘과 땅이 생긴다. 반고와 하늘과 땅은 계속 함께 자라난다. 또 〈오운역년기〉(五雲歷年記)에는 태초에 최초의 인간 반고가 태어난다. 그가 죽자 그의 몸이 변화되어 세상 만물이 된다. 호흡은 바람과 구름이 되고, 소리는 우레와 번개가 되었다. 왼쪽 눈은 해가 되고 오른쪽 눈은 달이 된다 등등 …….

부처가 수행이나 깨달음에 도움이 되지 않는다고 한 질문(무기)이 '세계는 영원한가 아닌가' 하는 것들이다. 즉, 내면의 것을 강조하지 외적인 것에는 관심이 없다. 우주와 생명 창조에 관심이 없다는 것이다. 그래서 불교는 힌두교에서 나왔지만 힌두교와 같은 체계적인 우주, 생명 창조에 대한 이야기가 없다. 단지 원시 경전인 〈디가 니까야〉(Dãgha Nikàya)에 따르면 우주는 영원히 탄생과 멸망을 되풀이한다는 것이다.

이것은 힌두교 경전 〈비슈누 뿌라나〉(Visnu Purana)에도 있는 이론이다. 불교가 힌두교에서 나왔기 때문에 비슷한 이론을 갖는다. 사실 거의 그대로 베꼈다고 표현하는 것이 옳다. 윤회사상을 우주적 규모로 확대한 것이다. 즉, 인간이 윤회하는 것처럼 우주도 그렇다는 것이다. 이슬람교는 성경의 창세기를 신의 말씀으로 받아들인다. 그래서 이 부분은 성경을 볼 때 함께 볼 수 있다.

바벨론, 인도 힌두교, 중국 반고 이야기는 공통점을 갖고 있다. 그것은 신 또는 인간의

몸으로 우주를 창조했다는 것이다. 여기서는 온 우주와 그 안의 모든 것이 순식간에 만들어진 것처럼 묘사한다. 현대 우주론과 맞지 않는다. 아니면 단지 철학 원리를 적용하기도 한다. 그래서 중국의 음양 철학을 우주 창조에 그대로 대입하기도 한다. 힌두교, 불교는 윤회사상을 우주 기원에 그대로 대입하기도 한다. 우리 주변의 풀, 나무 등이 겨울에 죽고 봄에 다시 살고 하는 것을 인간의 삶과 우주의 삶에 확대시킨 것이 윤회와 우주의 순환 신앙이다(고대는 농경사회였기 때문에 나무, 풀, 곡식의 생장에 지금보다 훨씬 더 민감했다.) 그럼 기독교의 창조 이야기는 어떨까?

■ 참고문헌
각묵, 디가 니까야(초기불전연구원, 2006).
신화 아카데미, 세계의 창조신화(서울: 동방미디어, 2001).
달라스 윌라드 편집, 세상이 묻고 진리가 답하다(서울: 한국기독학생회출판부, 2011).
Stanley L. Jaki, Science and Creation(Lanham, New York: University Press of America, 1990).

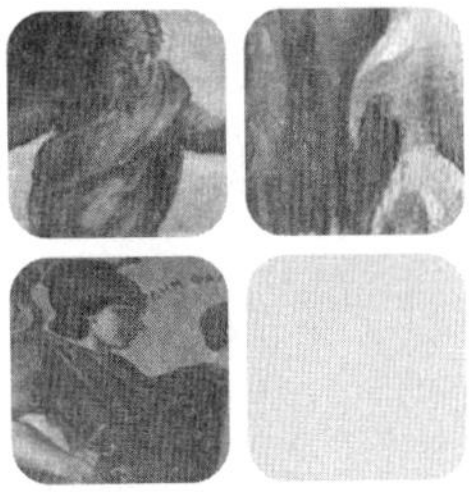

3. 성경의 창조 이야기는 붕어, 과학은 붕어빵(3)

그럼 성경에서 말하는 창조는 어떨까? 먼저 성경의 우주와 생명 창조 이야기는 창세기 1장에 나온다. 1장 1절에 보면 하나님이 태초에 천지를 창조하셨다고 한다. 과거에 이 구절은 비과학적으로 여겨졌다. 왜냐하면 우주는 영원히 존재해 왔다고 생각했기 때문이다.

하지만 빅뱅 이론이 나온 뒤에 상황은 달라졌다. 지금은 빅뱅 이론을 모두 받아들인다. 빅뱅 이론은 어느 순간에 우주, 시간, 공

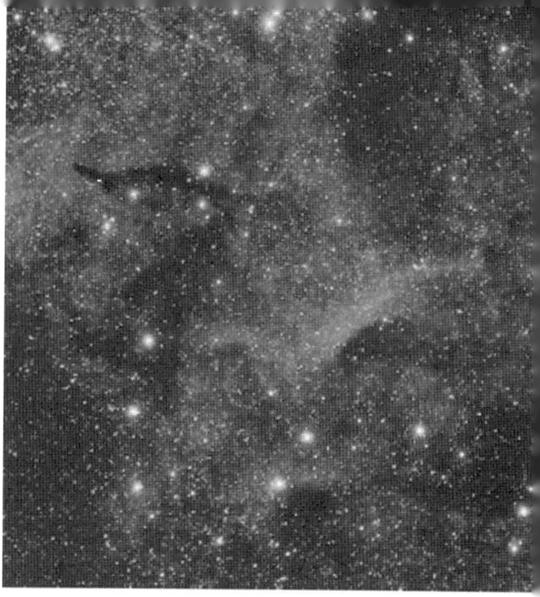

간이 만들어졌다는 것이다. 그래서 창세기 1장 1절 태초에 창조하셨다는 것이 과학에서 입증된다.

다음에 지구와 피조물들의 창조가 나온다. 다른 종교 신화와 비교해 가장 다른 점은 어떤 피조물을 언제 만들었는지 순서가 자세히 나온다는 것이다. 그런데 먼저 따져 봐야 할 것은 '6일 만'에 만들었다는 표현이다.

여기서 6일이 실제 우리가 생각하는 6일을 말하는 것인가? 그렇다면 현대 지질학과 전혀 다르지 않은가? 제일 먼저 비판받는 점이다. 하지만 여기서 하루, 일을 뜻하는 히브리어 '욤'(yom)은 '때'나 '시기'를 뜻할 수도 있다! 반드시 24시간 '일'로 번역할 필요는 없다.

그래서 이미 1,600년 전 고대의 대표적인 신학자였던 어거스틴은 창세기 1장의 '욤'은 하루를 뜻하지 않는다고 말했다.[1] '욤'은 하루가 아니라 몇억 년도 될 수 있고 몇백억 년도 될 수 있다는 것이다.

창세기 1장 2절에 땅이 혼돈하고 공허하며 어둡다고 했다. 아마 이것은 별의 탄생과 성장, 죽음의 과정 중 첫 단계인 성운(=희박한 가스와 먼지 덩이) 단계일 것이다. 어두운 흑성운도 있다. 지구는 처음에 어두운 흑성운이었을 것이다.

2절에 또한 하나님의 영이 수면 위에 움직이셨다고 한다. 과학자들은 최초의 가장 간단한 생물은 바다에서 나왔다고 한다. 2절에 '움직이셨다'는 것의 원어는 비둘기가 알을 품거나 독수리가 새끼를 보호하려 품는 것을 말한다. 여기서는 비둘기가 생명을 잉태하려 알을 품듯 했다는 뜻일 것이다. 하나님의 영은 바다를 품으며 생물을 만들어내려 한 것이다.

그다음 창조 순서는 이렇다. 1) 빛, 2) (물과 물을 나눠) 공간, 3) 땅(물에서 떠오르고), 식물, 4) 하늘에 빛들이 계절, 날, 해 이루며 큰 것이 낮을, 작은 것이 밤을 다스리게, 5) 물고기, 새, 6) 땅의 짐승과 인간이다.

별이 제대로 되기 위해서는 태양의 100분의 1보다는 커야 한다. 지구는 그렇지 못하다. 그래서 스스로 빛을 내지 못한다. 빛이 있으라 하신 것은 태양에서 빛이 나오게 하셨다는 뜻이다. 그래서 어두운 부분과 밝은 부분이 지구에 생겼다. 각각을 밤과 낮이라 불렀다 한다.

둘째로 물과 물을 나누어 공간을 만들었다고 한다. 행성이 차가워지면 공중에 수분이 응고되어 땅으로 떨어져 모인다. 이 단계를 말하는 것이다. 더욱더 차가워질수록 구름에 든 물은 땅으로 떨어진다.

■ 참고문헌
Peter W. Stoner, M.S., Science Speaks(Moody Press, 1969).

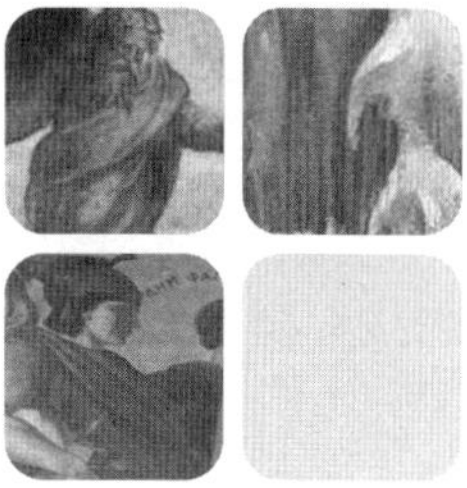

4. 성경의 창조 이야기는 붕어, 과학은 붕어빵 (4)

셋째로 땅이 물에서 올라오고 식물이 생겨났다. 동물이 있기 전에 먼저 식물이 있어야 한다. 왜냐하면 동물에게는 산소가 있어야 하는데, 식물이 있어야 산소를 대기에 유지시킬 수 있기 때문이다. 식물이 없으면 산소는 바위나 지표면의 철과 결합해 대기를 감소시킨다. 지질학에서 식물은 30억 년 전 또는 그보다 이전에 만들어진 것으로 본다.

넷째로 하늘에 빛들이 만들어졌다. 큰 빛은 낮을, 작은 빛은 밤을 주관한다. 이 부분이 또 비판을 받는 부분이다. 하늘의 빛이라면 해, 달 아닌가?(히브리 원어 '마올' 은 빛 또는 발광체를 뜻한다.) 그럼 해가 식물 다음에 만들어졌다는 말인가? 어떻게 해 없이 식물이 생존할 수 있는가? 해의 빛과 열이 필요한데! 하지만 여기서 쓰인 단어를 보면 '창조되었다' 하지 않았다. '만들어졌다' 고 했다. 그리고 '빛' 이 만들어졌다고 했다. '해, 달' 이 만들어졌다고 하지 않았다.

그래서 이 부분은 지구를 빽빽이 가리던 구름이 뚫려 '햇빛' 이 들어온 것으로 해석한다. 햇빛뿐 아니라 달빛도……. 마치 반투명 비닐 하우스 안에 열이 있어서 식물을 키울 수 있는 것처럼 그렇게 식물이 자랐다는 것이다. 아마도 태양의 뜨거운 열을 수백만년 동안 구름이 가렸는지 모른다. 식물이 타지 않도록.

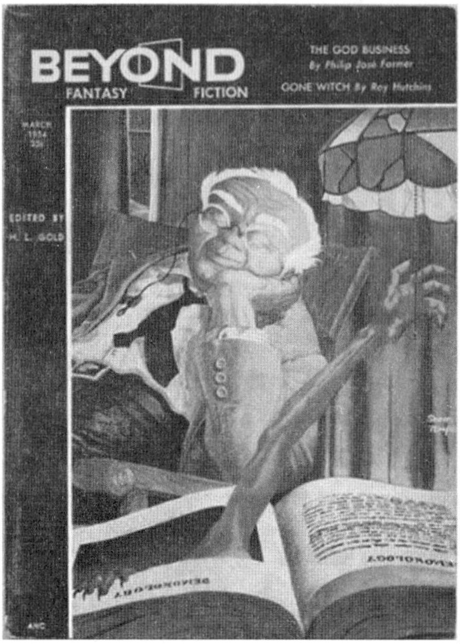

다섯째로 물고기, 새가 창조된다. 지질학에서 물고기는 4억 년 전에 나온 것으로 새는 8천만 년에서 1억 3천만 년 전에 나온 것으로 본다.

여섯째로 땅의 짐승과 인간이 창조된다. 지질학에서 땅의 짐승은 6천만 년 전에, 인간은 50만 년에서 100만 년 전에 나온 것으로 본다.

각 피조물의 발생 시기는 학자마다 의견이 다를 수 있다. 하지만 성경에 나오는 순서대로 발생했다는 것을 부인할 과학자는 없다. 성경이 수천 년 전에 쓰여졌음을 생각해 보자! 아무런 현대 지질학, 우주론 지식도 없을 때이다. 그런데 어떻게 이렇게 현대 지질학, 우주론과 맞는 내용을 쓸 수 있었을까?

아무런 현대 과학의 지식 없이 책상 위에 펜 하나 들고 우주와 생명 창조의 이야기를 꾸며낸다고 하자. 어떻게 만들까? 그 당시에 이미 익숙하게 알고 있고 느끼는 것을 기초로 상상력을 발휘하지 않을까? 중국의 반고 이야기처럼 반고가 하늘과 땅과 함께 자라났다고 상상하지 않을까? 주위에 모두 자라나는 것뿐 아닌가? 나무도, 풀도, 개도, 아기도…….

아니면 힌두교, 불교에서처럼 나무와 풀처럼 겨울에 죽어 없어졌다가 봄에 다시 태어나는 것을 반복하는 것을 생각하며 우주도 태어나고 없어지기를 영원히 반복한다고 쓰지 않을까? 아니면 바벨론, 인도, 중국에서처럼 신의 몸이나 인간의 몸의 부분들이 자연 만물 중 비슷한 부분들이 되었다고 상상하지 않을까? 동그란 눈은 동그란 해와 달이 되고, 넓적한 발은 넓적한 땅이 되고, 제일 높은 머리는 제일 높은 하늘이 되고, 무성한 털은 무성한 나무와 풀이 되고, 봉긋한 유방은 봉긋한 산이 되고 등등…….

왜 성경은 다른 종교, 신화에서 말하는 창조 이야기와 이렇게 다른 것일까?

■ 참고문헌

Peter W. Stoner, M.S., Science Speaks(Moody Press, 1969).

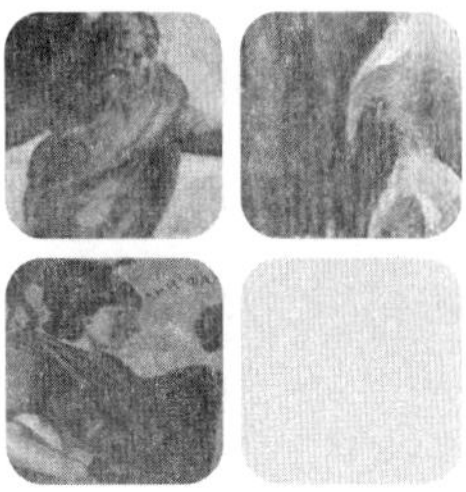

5. 성경은 과학에게 말했다. “내가 네 애비다!” (1)

미주가 붙은 곳은 실제 그 책이나 논문을 기초로 쓴 것이다.

도킨스 : “그게 무슨 말이죠? 기독교가 디아블로 3를 만들다니?”

기독교 짱 : “디아블로 3라는 컴퓨터 게임을 만들기 위해서는 먼저 컴퓨터가 발명되어야죠. 그리고 그 밖에 여러 기초과학

이 있어야 하고요. 그런데 서양에서 과학을 만들게 된 것이 기독교 신앙이라는 것이죠. 사실 과학사에서 이것은 중요한 주제죠! 기독교 신앙이 서양에서 과학을 만들어냈는가? 심지어는 그런 주장을 전혀 하지 않을 것 같은 학자들도 그런 결론을 내리기도 합니다. 유명한 무신론 철학자 니체를 아시죠? 그는 과학이 있기 위해서 기독교 신앙이라는 철학이 있어야 했다고 말했죠. 그래서 과학이 방향, 의미, 한계, 방법, 존재할 권리 등을 가질 수 있었다고 말했습니다.[1)] 그리고 왜 중국에서는 과학이 발전하지 못했고 서양에서 발전했는지를 연구하다 그것을 깨닫게 된 학자도 있죠. 니덤(Joseph Needham)이 바로 그런 사람입니다. 그런데 놀랍게도 그는 마르크스주의 역사학자였죠. 무신론자였습니다.[2)] 이렇게 유명한 무신론 학자들까지도 이런 주장을 한 것을 보면 뭔가가 있다고 생각되지 않습니까?"

도킨스 : "음……, 그렇군요! 그런 무신론 학자들이 그렇게 결론을 내렸다면 뭔가 그럴 만한 이유가 있겠네요! 하지만 의심이 드는데요. 기독교는 1세기 때 만들어졌습니다. 그런데 과학이 서양에서 급속도로 발전한 건 17-18세기죠! 왜 하필 이때죠?"

기독교 짱 : "그게 제일 뜨거운 이슈죠. 왜 그때인가? 그 17세기야말로 서양에서 기독교 신앙이 가장 뜨거웠던 때이기 때문이죠![3] 바로 16-17세기는 개신교가 가톨릭 교회에서 떨어져 나온 때입니다! 개신교는 오직 성경(Sola Scriptura)으로 돌아가야 한다고 주장했던 운동이죠. 그 표어에는 중요한 뜻이 함축되어 있죠. 예컨대 그전에는 말로만 기독교의 사상을 믿었거든요. 즉, 성경의 사상보다도 다른 그리스 철학 사상을 우월하게 생각한 거죠. 그런 것을 그만둬야 한다는 것입니다. 어떤 것이 진짜 성경의 사상인가를 두고 싸우던 시대죠. 그래서 개신교와 가톨릭이 전쟁까지 벌이던 때입니다.(물론 전쟁을 한 게 잘했다는 건 아닙니다!) 그만큼 '순수' 기독교 사상에 대한 관심이 뜨거웠죠. 그래서 순수 기독교 사상을 추출해낸 것이죠. 그리고 그것을 바탕으로 과학적 사고가 발전하기 시작했다는 겁니다."

도킨스 : "하지만 17-18세기 과학혁명이 그때의 종교 운동과

관련이 있냐는 겁니다? 그때 과학을 개척했던 학자들 종교 성향이 어땠죠?"

기독교 짱 : "사실 그때 과학자들이야말로 당시 가장 종교적인 사람들이었죠! 1543-1680에 과학혁명의 주역이었던 51명의 과학자들의 신앙심을 분석한 통계가 그것을 보여 줍니다. 먼저 학문 별로 그들 중 물리학자가 28.8%, 천문학자가 28.8%, 수학자가 23.1%, 생물 · 생리학자가 19.3%를 차지했죠. 그리고 그들 중 성직자가 28.8%, 신실했던 사람이 61.5%, 신앙이 보통으로 있었던 사람이 34.7%였고, 종교에 회의적이었던 사람은 겨우 3.8%밖에는 없었습니다."[4)]

도킨스 : "도저히 믿을 수 없는 통계군요! 1998년 〈네이처〉(Nature)지에 글이 실렸었죠. 미국 국립 과학 아카데미 회원에 선출될 정도로 저명한 미국 과학자들의 종교를 조사했었다

불협화음(Wikimedia Commons에서)

죠. 그 중 인격신을 믿는 사람은 단지 7%밖에 안 된다고 하던데!"[5)]

기독교 짱 : "저는 기독교를 믿어야만 과학자가 될 수 있다고 말하지 않았습니다. 과학적 사고방식의 기본 틀을 기독교가 제공했다고 말했죠! 신을 믿지 않아도 단지 그 기본 믿음의 틀만 믿는다면 과학은 할 수 있습니다!"

도킨스 : "좋아요! 그럼 기독교가 어떤 기본 믿음을 과학에 제공했다는 겁니까?"

기독교 짱 : "먼저 자연은 탐구할 가치가 충분히 있다는 믿음을 주죠! 예를 들면 힌두교, 불교는 이 물질 세계, 자연 세계를 극도로 혐오합니다. 연구할 가치를 전혀 못 느끼게 만들죠. 그래서 오로지 해탈만을 꿈꾸게 하죠. 하지만 기독교에서 이 자연은 신의 놀랍고 아름다운 작품이죠. 그래서 성경은 이 우주와 세상의 질서와 조화의 놀라움, 그곳에 담긴 신의 지혜와 지식을 여기저기서 증언하죠! 예를 들어 이사야 45장 18절에 신은 하늘과 땅을 혼돈스럽게 창조하지 않으시고 사람이 거주할 수 있게 창조하셨다든지, 로마서 1장 20절에 신은 자신의 창조물을 통해 자신의 능력을 충분히 보이셨다고 전하죠."

도킨스 : "하지만 죄에 대한 교리가 있지 않습니까? 기독교에는! 죄로 물든 더러운 인간과 이 세상이라는 믿음은 어떻고요?"

기독교 짱 : "물론 그것도 있습니다. 하지만 동시에 그럼에도 불구하고 여전히 '아름다운 이 세상' 이라는 믿음이 있는 것이죠. 적절하게 조화를 이룬다는 것입니다. 너무 밝은 면만 보는 것도 아니고, 그렇다고 너무 어두운 면만 보는 것도 아니고. 그래서 기독교는 자연에 법칙이 있다는 믿음을 갖게 하죠. 우주를 움직이는 법이 있다는 겁니다!"

도킨스 : "봄 여름 가을 겨울이 돌고 돌고, 밤낮이 돌고 도는 것. 상식적으로 모두 아는 것 아닙니까?"

■ 참고문헌

1) Ernest L. Fortin, "The Bible Made Me Do It" in Ernest Fortin: Collected Essays, vol. 3, ed. J. Brian Benestad(Lanham, Md.: Rowman & Littlefield, 1996), 122. Emphasis in Nietzsche's original(Genealogy of Morals III, 23–24); 가톨릭 교회는 어떻게 서양 문명을 세웠나?, 112에서 재인용.
2) Joseph Needham, Science and Civilization in China, vol. 1(Cambridge: Cambridge University Press, 1954); 가톨릭 교회는 어떻게 서양 문명을 세웠나?, 107–118에서 재인용.
3) 김영식, 과학혁명(서울: 아르케, 2001), 189–190.
4) Rodney Stark, For the Glory of God(Princeton: Princeton University Press, 2003), 160–163.
5) 리처드 도킨스, 만들어진 신(서울: 김영사, 2007), 159.

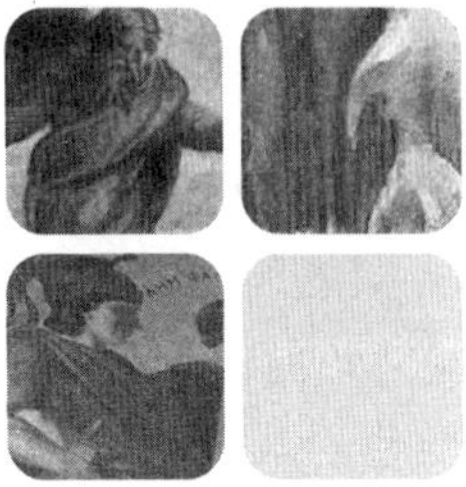

6. 성경은 과학에게 말했다. "내가 네 애비다!"(2)

미주가 붙은 곳은 그 책 또는 논문을 기초로 썼다.

기독교 짱 : '자연법칙' 이라는 분명한 믿음을 낳기에는 부족하죠! 개신교에서는 외경으로 치지만 가톨릭에서는 경전으로 여기는 지혜서의 11장 20절에는 신이 우주를 창조할 때 모든 것을 재고(수를) 헤아리고 (무게를) 달았다고 합니다. 신은 치밀한 계산으로 온 우주를 만든 수학자였다는 말이죠!"

도킨스 : "하지만 그리스 철학이나 다른 문명권에서도 자연의 원리를 밝히려는 시도는 있지 않았나요? 그런 시도도 자연은 법칙을 갖고 움직인다는 믿음이 있으니까 했겠죠!"

기독교 짱 : "하지만 부족한 점이 있었죠. 바로 자연이 살아 있다는 잘못된 믿음도 갖고 있었다는 겁니다. 플라톤은 그의 책 《Timaeus》에서 이 우주 전체가 살아 있는 생명체라고 했다든지, 아리스토텔레스가 행성이 원운동을 하는 것을 그 운동을 좋아하기 때문이라고 말한 것이 대표적인 경우죠![1] 법칙을 완전히 안 믿고 자꾸 자연을 신격화하는 겁니다. 일종의 정령신앙이죠. 해가 살아 있다면 어떻게 될까요? 지금까지는 해가 아침에 동쪽에서 떴지만 '내일은 서쪽에서 떠볼까' 하는 변덕스런 생각을 가질 수도 있겠죠. 그럼 해는 동에서 떠 서로 진다는 법칙을 '분명히' 믿기 어렵죠. 그래서 참된 자연법칙의 개념을 갖는 게 어려워진다는 겁니다. 반대로 기독교는 신은 오직 한 분만 계시다고 믿습니다. 그리고 자연이 스스로 살아 있다고 가르치지 않죠. 자연은 단지 신이 부

여한 법칙을 따라 움직일 뿐이라는 믿음이죠!"

도킨스 : "하지만 기독교는 기적을 믿지 않습니까? 기적은 자연법칙에 어긋나는 것이죠."

기독교 짱 : "성경에서 기적은 예외적으로 나오죠! 오히려 기독교의 신은 자신이 만든 법을 잘 지키는 분으로 묘사됩니다. 정의의 하나님이시니까요. 그러니 자연도 그렇게 다스리시리라고 믿었던 거죠! 하지만 모든 종교, 철학이 신을 그렇게 생각한 건 아니었죠.[2)]"

도킨스 : "예를 들자면?"

기독교 짱 : "그리스 · 로마의 신들을 생각해 보세요! 대표적으로 제우스 신을 생각해 보죠! 그는 천하의 바람둥이였죠! 그렇게 윤리적 법도도 지키지 못하는 신이 자연을 다스린다면? 자연의 법을 제대로 지킬까요? 엉망이 되겠죠! 자기 욕정 끌리는 대로 살았으니!"

도킨스 : "하지만 이슬람의 신은 어떻죠? 이슬람도 신은 하나뿐이라고 믿었어요. 그런데 왜 그들에게서는 과학이 발전하지 못했죠?"

기독교 짱 : "이슬람 문화권은 다른 종류의 문제가 있었다고 여깁니다. 거기서는 신이 너무 큰 절대권이 있다고 믿었죠! 그래서 신은 자신이 원하는 자를 실수하게 하고, 자신이 원하는 자를 이끄신다고까지 말하죠!(코란 14:4). 그렇기 때문에 신이 자연법을 지킨다는 것 자체가 불경스럽게 들리는 정도가 되었죠! 그의 절대권을 해치는 것처럼 들리니까요.[3] 그들은 신을 거의 폭군처럼 생각한 거죠. 신이 원하시면 그게 뭐든 아무 문제 없다는 태도 말입니다. 그들에게 가장 중요한 덕목은 복종이죠. 그래서 예배드릴 때 절을 땅바닥에 얼굴이 닿도록 넙죽 하죠. 물론 기독교도 신에 대한 순종을 강조합니다. 하지만 우리는 하나님과의 교제를 통해 서로 이해할 수 있다는 믿음이 있어요. 이슬람의 신은 저 먼 곳에 계신 무서운 분이시죠. 그와 교제하고 대화하는 것은 상상도 못하죠. 잘못해서 벌이나 받지 않으면 다행이지."

도킨스 : "하지만 기독교도 신의 심판을 이야기하지 않습니까?"

기독교 짱 : "그렇죠! 하지만 이슬람은 그쪽으로 너무 갔다는 겁니다. 성경에는 아가서란 책도 있죠. 하나님과 인간의 사랑을 다룬 사랑이 시입니다. 코란에는 그런 글귀가 없습니다. 신과의 사랑이라니! 상상도 못하죠. 사랑은 공감과 서로

이해하는 것을 바탕으로 삼죠! 신과 그의 작품인 자연을 이해할 수 있다는 믿음을 낳기 쉽다는 겁니다."

도킨스 : "………."

기독교 짱 : "그리고 또 이것도 중요하죠! 자연의 법을 우리가 밝혀낼 수 있다는 믿음! 특히 동양의 경우가 그 믿음을 갖기 어려웠죠……. 아까 소개한 니덤이라는 마르크스주의 역사학자가 밝혀낸 것이죠. 그렇게 문명, 문화가 발달했던 중국에서 왜 과학이 탄생하지 못했겠습니까? 동양은 자연에 질서나 법이 없다고 믿지는 않았습니다. 오히려 있다고 믿었죠! 하지만 그것은 우리가 알기에는 너무 신비스럽고 미묘하고

어렵다는 겁니다.[4] 도교의 경전인 도덕경의 첫 시작이 좋은 예죠! 첫 시작이 '도가도비상도'(可非常)입니다. '도를 항상 도라고 할 수 있다면 그건 항상 도가 아니다' 라는 뜻이죠. 여기서 도는 우주의 존재 방식 또는 작동 방식을 말합니다! 한마디로 자연법칙이라고 말할 수도 있죠! 그런데 그게 너무 미묘해서 알기 어렵다, 불가능하다는 겁니다. 이게 그거다라고 말할 수 없으니까 직관과 체험이 중요할 수밖에 없죠![5] 그래서 동양에서는 자연을 이성적으로 탐구하려는 심각한 시도가 없었죠! 단지 '깨달음'을 얻기만을 원했을 뿐. 순간적인 직관적인 깨달음 말입니다. 그러니 동양에서 과학이 아니라 명상이 발달한 것은 우연이 아니죠![6]"

■ 참고문헌

1) For the Glory of God, 153–154.
2) Alfred North Whitehead, Science and the Modern World(New York: The Free Press, 1967), 12–13.
3) Stanley L. Jaki, Science and Creation(Lanham, New York: University Press of America, 1990), 19, 202–203.
4) Joseph Needham, Science and Civilization in China, vol. 1(Cambridge: Cambridge University Press, 1954), 581.
5) 노자, 오강남 풀이, 도덕경(서울: 현암사, 2011), 19–21.
6) For the Glory of God, 150–151.

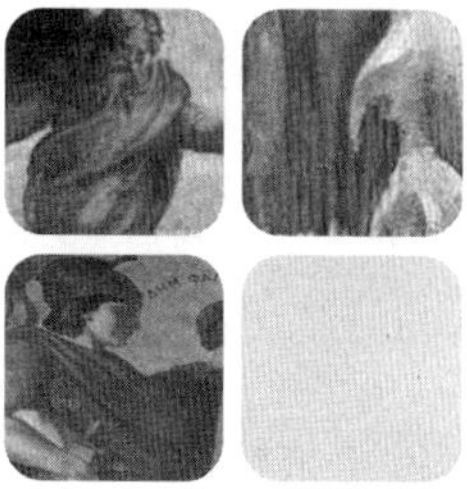

7. 성경은 과학에게 말했다. "내가 네 애비다!"(3)

미주가 붙여진 곳은 실제 그 책, 논문을 기초로 쓴 것이다.

도킨스 : "그런데 기독교에서는 인간이 자연법칙을 알아내고 이해할 수 있다는 믿음을 갖기가 쉬었다고요?"

기독교 짱 : "예! 한 예로 성경은 인간이 신의 모습을 따라 만들어졌다고 하죠(창 1:27). 여러 가지로 해석될 수 있겠지만

무엇보다도 신이 할 수 있는 것을 어느 정도 인간도 할 수 있다는 것이죠. 반대로 이슬람 문화권에서는 신과 인간은 전혀 다르다고 생각했어요. 그의 모습으로 인간이 만들어졌다는 내용이 코란에 없습니다.[1] 그러니 기독교에서는 신의 작품인 자연을 인간이 어느 정도 이해할 수 있으리라는 믿음이 생겨나기 더 쉽지만 이슬람에서는 그보다는 어렵죠!"

도킨스 : "하지만 그리스 철학자들이 본 자연과 신은 어떻죠? 대부분의 철학자들이 그리스 · 로마 신화 속 신을 믿지 않았어요. 너무 변덕스럽고 천박하다고 생각했죠. 그들은 신들이 법을 따를 거라는 믿음을 가졌죠.[2] 그래서 심지어 신은 이성과 논리의 법에 종속되어 있다고까지 생각했죠. 그래서 예를 들면 플라톤은 창조의 신 데미우르고스가 이데아의 세계, 그 법칙에 따라서만 우주를 창조해야 했다고까지 말했죠.[3]그런데 왜 그들은 제대로 된 과학을 발전시키

아리스토텔레스와 그의 제자들

지 못했나요?"

기독교 짱 : "정확히 보셨군요! 사실 그리스 철학자들이 가장 진리에 접근하기는 했었죠. 신이 정의롭다는 것을 믿었고, 그래서 신이 자연의 법칙을 따르리라는 것을 믿었죠. 그리고 그것을 알아내 이해할 수도 있으리라 믿었고. 하지만 아주 작은 차이 때문에 제대로 된 과학을 만들지 못했어요. 그건 그들이 자연의 법칙이 이미 정해져 있다고 생각했기 때문이죠!"

도킨스 : "기독교도 그렇게 믿었다면서요?"

기독교 짱 : "아니오! 기독교는 신이 자연법칙을 만들어냈다고 믿었죠. 그리스 철학자들은 이미 있는 법을 신이 따른다고 믿었고요. 아주 작은 차이지만 중요합니다."

도킨스 : "그게 왜 중요하다는 거죠?"

기독교 짱 : "그리스 철학자들은 우리 인간과 신이 이미 있는 그 법을 똑같이 따른다고 생각했죠. 그래서 우리 머리만 쓰면 자연의 법을 금방 알아낼 수 있다고 믿었고요. 왜냐하면 신들도 이미 있는 그 법을 베껴서 자연을 만들었고, 우리 머

리 안에 있는 논리의 법칙도 이미 있는 그 법을 따르니까요. 다시 말해 모든 자연법칙이 이미 우리 머리 안에 들어 있다는 겁니다. 우리 예상밖의 법칙들이 있을 수 있다는 것을 생각하지 못했어요. 신이 법칙을 자유롭게 새롭게 창조한 게 아니라고 믿었으니까요![4]"

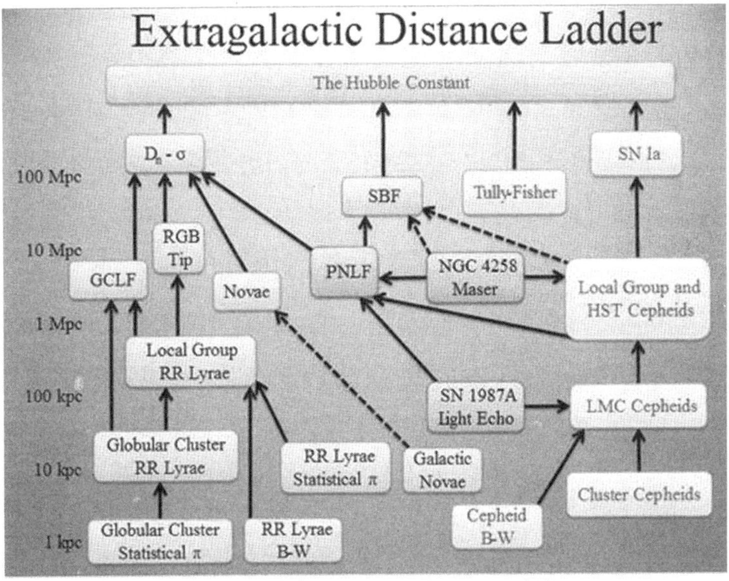

출처 : (cc) 저자 Brews_ohare(Wikipedia에서)

도킨스 : "반대로 기독교에서는 신이 법칙을 자유롭게 만들었고. 그러니 우리 머리로 전혀 예상할 수 없는 법칙들이 있을 수 있다고 믿었다는 겁니까?"

기독교 짱 : "그렇습니다. 신은 여러 종류의 법칙들을 마음대로 자유롭게 만들 수 있다는 믿음이죠! 그렇게 쉽게 머리 속으로 한 법칙을 보면서 쓰윽~~ 그 옆에 있는 다른 법칙을 추론할 수는 없다는 겁니다. 그러니 인간의 예상을 깨는 법칙들이 있을 수 있다, 그것을 알기 위해서는 실제로 눈, 코, 귀, 입으로 관찰하고 느끼고 경험하고 실험해 봐야 한다는 생각이 나오게 된 거죠. 즉, 관찰과 실험이 중요하다는 믿음입니다![5] 이슬람은 신과 인간이 전혀 다르다고 생각했다면 그리스 철학자들은 신과 인간이 똑같다고 생각했고, 기독교는 이 중간쯤에 있는 겁니다."

도킨스 : "이론적으로 그렇다는 거군요! 하지만 실제 그런 예가 있습니까?"

기독교 짱 : "한 예를 들어 드리죠. 케플러 시대까지 천체는 똑같은 속도로 원운동을 한다고 믿었죠. 그리스 철학 관점에서 그것이 가장 완전한 수학적 이데아라고 믿었으니까요. 하지만 케플러가 아무리 관찰을 해봐도 그건 틀렸다는 겁니다. 그래서 똑같지 않은 속도로 타원의 운동을 한다는 주장을 하기 시작하죠. 그래서 낸 책이 1609년에 나온 《새로운 천문학》(New Astronomy)입니다. 몇천 년을 이어오던 그리스 철학에 바탕을 둔 천문학을 뒤집어 엎은 거죠. 아무리 우리 머리

로 생각해서 수학적으로 불완전해 보여도, 관찰과 실험으로 그것이 맞다면 그렇다는 겁니다!(사실 상식적으로 똑같은 속도의 원운동이 완전하게 느껴지기는 하죠, 동일하지 않은 속도의 타원형 운동보다는.) 왜냐하면 신은 자유롭게 자연의 법칙을 창조하지 어떤 정해진 법칙에 속박되지 않으니까요! 반대로 그리스 철학자들은 신이 우리와 똑같이 어떤 정해진 법칙에 구속받는다고 그렇게 믿었죠. 그래서 예상외의 법칙을 생각해내기 어려웠죠. 바로 케플러는 그리스 철학의 신관, 자연관을 버리고 참된 기독교의 신관, 자연관을 갖게 된 겁니다! 바른 기독교 신앙이 천문학 분야에서 진리를 깨닫게 한 것이죠[6]"

■ 참고문헌

1) 공일주, 코란의 이해(서울 : 한국외국어대학교 출판부, 2008), 269.
2) 장영란, 장영란의 그리스 신화(살림, 2005), 300-301.
3) R. Hooykaas, 종교개혁과 과학혁명(Religion and the Rise of Modern Science)(서울: 솔로몬, 1992), 51-52.
4) 위의 책, 52.
5) 위의 책, 53-54.
6) 위의 책, 58-60.

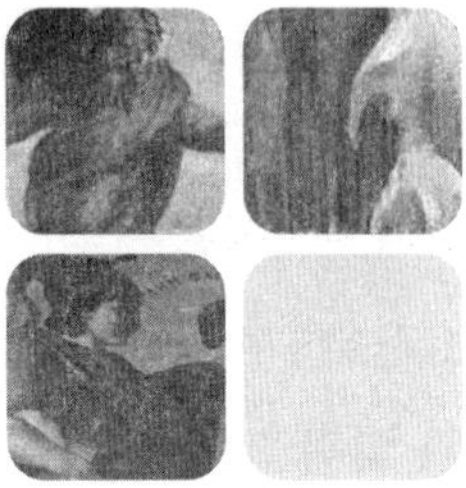

8. 성경은 과학에게 말했다. "내가 네 애비다!" (4)

미주가 붙여진 곳은 그 책, 논문을 바탕으로 쓴 것이다.

도킨스 : "바른 기독교 신앙이 천문학에서 진리를 깨닫게 했다고요? 그럼 갈릴레오(1564-1642) 사건은 어떻게 된 겁니까? 지구가 태양 주위를 돈다는 것을 주장하다가 교회의 박해를 받았죠! 교회가 주장해 왔던 태양이 지구 주위를 돈다는 이론을 반대했다고 하면서! 오히려 바른 진리에의 접근을 교회가 방해한 것 아닙니까?"

플뢰리, 바티칸 종교재판소에서의 갈릴레오

기독교 짱 : "저는 바른 기독교 신앙이 진리에로 나가는 것을 돕는다고 했지 교회가 돕는다고 말하지 않았습니다. 갈릴레오 자신은 사실 신실한 기독교인이었습니다. 그는 로마로 종교재판을 위해 소환되었을 때 그것을 거부할 수도 있었죠. 베니스가 도피처를 마련했었거든요. 하지만 그는 그렇게 하지 않았죠. 교회 지도자들을 설득할 수 있다고 믿었던 거죠. 같은 신을 믿는 사람으로서……. 그는 자연이라는 책은 수학의 언어로 신의 손에 의해 쓰여진 책이라는 말까지 남겼죠. 그러니 그 사건은 단지 힘 있는 권력 집단이 자신의 힘을 남용할 수 있다는 것을 보여 주었을 뿐이죠.[1] 교회 권력 집단이 아니라, 바른 기독교 신앙이 진리를 더 잘 알아가는 데로

인도한 겁니다."

도킨스 : "말을 똑바로 하셔야죠. 바른 신앙이 아니라 자연에 대한 기본 이해를 바르게 한 것이 진리를 알도록 한 것이죠!"

기독교 짱 : "바른 신앙이 맞다고 주장하고 싶군요. 왜냐하면 자연에 대해 바른 기본 이해를 가진 것만으로는 충분치 않으니까요! 바른 신앙과 실천이 필요하거든요!"

도킨스 : "그건 또 무슨 말이죠?"

기독교 짱 : "모든 인간이 평등하고 모든 일이 귀하다는 기독교 신앙도 과학 발전에 큰 역할을 했으니까요. 모든 문명권에서는 육체 노동을 천시했죠. 그런 것은 노예들이나 하는 것으로 여겼고요. 반면에 정신 노동은 왕과 귀족 계급이 하는 것이고 고귀하다고 여겼죠. 그래서 다른 문명권에서는 이론적인 것만 중요하게 여긴 거죠. 하지만 과학이 제대로 발전하려면 실험 관찰이 필수죠. 이론을 세우고 또 그것을 실험, 관찰로 검증하고, 그래서 이론이 틀렸으면 다시 고치고…… 이 과정이 과학 발전의 과정이죠. 그런데 직접 눈으로 관찰하고 맛보고 냄새 맡고, 실험하는 것은 육체 노동입니다. 다른 문명권에서는 천시하는 것이죠. 귀족들이 공부를

많이 했으니 이론은 만드는데 실험, 관찰은 안 하는 겁니다. 그러니 과학이 나올 수가 없죠. 하지만 기독교는 신 앞에 인간의 평등을 강조합니다! 일의 귀천을 따지지 않죠. 하나님의 아들 예수님이 목수셨죠. 그다음으로 유명한 사도 바울은 텐트 만드는 사람이었고……. 적어도 그것이 성경의 사상입니다. 물론 서양 기독교 문명권에도 계급제도가 있었습니다. 하지만 17세기 기독교 신앙이 뜨거워지고 순수해질수록 계급제도를 불편해하고 육체 노동을 천시하지 않게 되죠. 그래서 그 결과 실험을 꺼려 하지 않게 되었고요.[2)]"

존 에버렛 밀레스(John Everett Millais), 그의 부모 집에 있는 그리스도(1850)

도킨스 : "좋아요! 기독교 신앙이 과학 발전에 도움을 주었다고 하죠! 니체나 니덤이 인정한 것처럼. 하지만 그것이 신의 존재를 증명하지는 못합니다. 단지 우연히 기독교가 과학의 기본 전제를 가르쳤을 수 있는 거죠. 그건 다른 종교나 철학이 될 수도 있었고."

기독교 짱 : "적어도 당신 같은 과학자가 생길 수 있게 한 것이 기독교라는 것은 기억해야 할 겁니다. 자기 아버지를 존중하는 법을 배울 필요가 있다는 거죠!"

■ 참고문헌

1) For the Glory of God, 165.
2) 종교개혁과 과학혁명, 107–135.

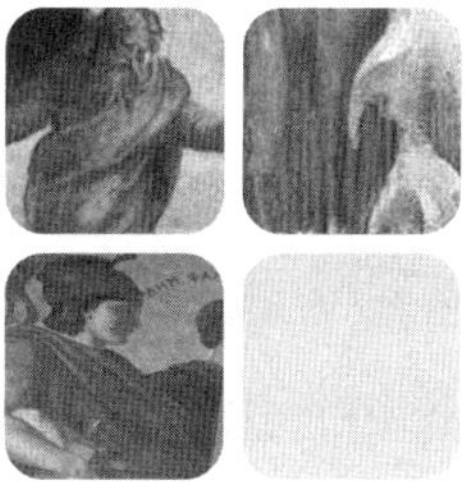

9. 과학아! 과학아! 신은 존재하니?

무신론 진화론 과학자로 유명한 리처드 도킨스는 '신을 믿어요' 라는 사람과 신에 대해 이야기를 나눈다. 픽션이지만 미주가 붙은 곳은 실제 도킨스나 유신론 과학자가 쓴 책에 나오는 내용들을 기초해 썼다.

신을 믿어요 : "저는 신이 있다고 믿습니다. 특히 인본원리 때문에요. 물론 아시겠죠? 인본원리가 뭔지?"

도킨스 : "아! 인본 원리! 요즘엔 인간을 만들어 내기 위해 여러 우주 조건들이 정교히 맞춰진 것 같다는 '인본원리'가 대세죠! 그건 맞습니다! 지금은 우리가 사는 지구가 우주의 다른 곳과 그렇게 다르지 않다는 평범 원리가 통하지 않습니다. 불행한 일이죠![1] 인간이 뭐 그렇게 대단하다고, 마치 우주의 중심이라도 된다고 하는 이론이 대세라니!"

신을 믿어요 : "저는 그 원리에 푹 빠졌죠! 인본원리 말이에요! 이제 과학자들은 우주가 137억 년 전쯤에 한 점에서 큰 폭발과 함께 만들어졌고 계속 팽창 중이라는 것을 안다죠? 빅뱅이론 말입니다. 대폭발 후 1초 뒤에 팽창률이 100만분의 1만 작았어도 다시 쪼그라들어 없어져 우주는 만들어지지 않았을 것이라 하죠? 대폭발 후 1초 뒤에 팽창률이 100만분의 1만 컸더라면 별과 행성들은 만들어지지 않았을 거라 하고요. 별과 행성이 없다면 생명체도 만들어지지 않았겠죠! 그렇게 모든 정밀한 우주의 균형들이 지구에 생명체와 인간을 만들기 위한 것처럼 보인다고 하죠![2]"

휴 로스(Hugh Ross)는 그의 책 《창조주와 우주》(Creator and the Cosmos)에서 그런 종류의 총 63개의 우주 변수가 아슬아슬한 균형을 이루어 생명이 탄생했다고 말하죠. 도널드 페이지는 우주가 우연히 이런 균형을 갖추며 생겨날 가능성은(복잡한 생명체가 나올 가능성은 빼고) 1천억의 123배분의 1이라고 계산했죠.[3] 종교가 없다는 호킹 박사마저 우주가 왜 꼭 이런 식으로 시작되어야 했는지, 그건 우리 같은 인간을 탄생시키기 위한 신의 의도가 아닌가 질문합니다. 놀랍지 않나요? 이 넓은 우주에 한 점만도 못한 지구 그리고 그 위에 사는 인간이 그렇게 특별한 존재일 수 있다는 사실 말이에요.[4]"

도킨스 : "하지만 그건 거꾸로 설명할 수도 있죠! 인본원리는 누가 우주 환경을 생명체가 나올 수 있도록 기막히게 짜 만들었다는 것이죠. 하지만 사실은 그 반대라면? 즉 단지 그 생명체가 그 환경에 꾸준히 적응하면서 진화했기 때문에 그 환경에 기가 막힐 정도로 적합해 보일 수도 있는 것이죠![5]"

신을 믿어요 : "우주를 관찰, 탐구하는 것이 지구에서 가장 쉽다는 주장은요?

마치 인간을 과학적 우주 탐구, 관찰을 제일 잘할 수 있을 만한 곳-지구-에 놓은 것 같다는 주장 말입니다. 예를 들어 곤잘레스라는 천문학자는 〈천문학과 지구 물리학〉이란 학술지에서 말합니다. 태양계에 총 64개의 달이 있는데 그중 오직 지구에서만 달이 태양을 가리는 개기일식이 일어난다고요. 그건 태양이 달보다 400배 크지만 태양은 지구에서 달보다 400배 멀리 떨어져 있기 때문이라고 하죠. 그 개기일식으로 태양의 불꽃 같은 코로나 같은 것을 잘 관찰할 수 있다고 합니다. 〈디스커버〉지는 이를 1999년의 불가사의한 과학적 발견으로 보았습니다.[6] 개기일식 때문에 그 밖에도 많은 중요한 과학적 발견이 가능했는데, 예를 들어 별이 무엇으로 이루어졌는지 알게 되었고 지구 자전 속도 같은 중요한 정보를 알게 되었다죠! 또 지구의 위치가 우주배경복사를 발견하는 데에 제일 좋다고 하죠! 그런데 이 우주배경복사는 우주가 대폭발로 시작되었다는 것을 아는 데 큰 도움이 된다고 하더군요! 또 지구 공기가 10-20퍼센트 산소로 되어 있어 생명이 살기 제일 좋으면서 불을 사용할 수 있어 문명이 발전할 수 있고 또(밤) 하늘을 관측하기에 제일 좋아 천문학, 우주론 발전에 도움을 크게 주고……메탄 같은 게 많다면 하늘이 맑지 않아서 어려웠을 텐데 말입니다.[7]

왜 하필 인간이 사는 곳인 지구가 그 모든 과학적 발견과 탐구를 하기에 제일 좋았을까요? 그리고 그로 인해 문명의 발전을 너무나도 잘 이룰 수 있었을까요? 그건 신이 그렇게 의도한 것 아니었을까요? 인간들이 지능을 잘 이용해 과학적 발견을 많이 해 발전하기를 바라지 않았는가 말입니다? 그래서 그런 곳으로 제일 좋은 위치인 지구에 그를 놓아둔 것 아닌가 하는 겁니다. 매력적인 이론 아닙니까? 그게 아니라면 왜 인간은 우주를 가장 잘 관찰할 수 있는 곳에 있게 되었죠?"

도킨스: "글쎄요! 마치 신이 우주 속에 지구라는 곳을 인간을 위해 특별히 만들었다고 생각하는 것 같군요. 그렇지만 그런 것을 설명할 수 있는 여러 다른 가설이 있죠! 바로 우주가 하나가 아니라 여럿이라는 이론이죠! 리스가 주장한 대로 대폭발로 우주가 만들어지고 시간이 꽤 지나면 다시 대폭발이 나 바로 앞의 우주를 끝내고 새 우주를 작동시키고, 이 과정이 영원히 반복된다는 것이죠! 그렇다면 영원히 수도 없이 우주가 생겨나고 없어졌겠죠. 그중 하나에서 우연히 생명이 탄생될 수도 있는 것이고요. 리 스몰린이라는 학자는 좀 더 변형된 이론을 내세우죠. 엄마 우주에서 딸 우주들이 엄마 우주의 상수들을 변형시키며 수도 없이 많이 생겨난다는 이론이죠! 그럼 그 수많은 우주들 중 하나가 우연히 생명체가 만들어지기에 적합할 수도 있는 것이죠. 참 안타깝죠! 대다수 물리학자들이 이런 다중 우주론들을 별로 좋아하지 않는다는

사실이…….[8)]"

신을 믿어요 : "증거가 없으니 물리학자들이 탐탁하지 않게 여기죠! 우리가 관찰할 수 있는 우주는 우리 가 사는 우주밖에 없습니다. 관찰이나 실험도 할 수 없는 우주들을 그렇게 많이 상상하는 것은 귀가 얇은 사람들이나 혹하는 이론 아닌가요? 차라리 신이 설계 주문 제작했다고 말하는 것이 낫지 않을까요?[9)]"

도킨스 : "나는 절대 그렇게 생각하지 않습니다. 만에 하나 그런 신 같은 존재가 있다 하더라도 그 역시 변형된 진화론적인 방식으로 생겨났을 겁니다. 결코 별안간 생겨났거나 늘 있어 왔던 존재는 아니리라 믿습니다.[10)]"

신을 믿어요 : "당신의 말은 마치 한 종교인이 신앙 고백을 하는 것처럼 들립니다. '마치 우주와 그에게 속한 법칙들—특히 진화법칙—은 영원하다' 라고 외치며 신처럼 떠받드는 것 말이죠! 그건 눈에 보이는 자연만이 존재하는 모든 것이라고

말하며 자연을 신으로 삼는 자연주의 세계관일 뿐이죠!"

도킨스 : "그것이 제가 주장하는 것입니다. 칼 세이건(Carl Sagan)은 《창백한 푸른 점》(Pale Blue Dot)에서 과학이 밝혀낸 우주의 장엄함이 기존 신앙이 손대지 못하던 존경, 경이를 끌어낼 것이라고 말하죠![11] 쥴리안 배기니는 《무신론》에서 우주가 한 종류의 재료, 물리적인 것으로만 만들어졌어도 거기에 마음, 아름다움, 감정, 도덕적 가치 등 인류의 삶을 풍성하게 하는 모든 것이 있다고 믿는다고 했죠. 제 의견이 바로 그겁니다.[12] 우주, 물질, 자연법칙 그것으로 충분하다는 것입니다. 신, 종교는 필요없죠!"

신을 믿어요 : "하지만 당신의 신은 한계를 드러냈습니다. 물질 그리고 그것에 딸린 자연법칙은 영원하라고 말하고 싶었죠. 하지만 빅뱅 이론에서 말하는 것은 우주, 시간, 공간, 에너지, 물질, 자연법칙 등 모든 것이 빅뱅 전에는 없었다는 겁니다. 당신의 신, 즉 우주, 자연, 자연법칙 모두는 어느 순간 이후에 만들어진 것입니다. 그래서 당신들은 어떻게든 우주와 법칙은 영원하며 그것만으로 충분하다는 것을 무조건 믿어야 하는 가설들—예를 들어 다중우주론—을 계속해서 만들어냅니다. 증거도 없이 말입니다. 하지만 빅뱅 이전 상태에서는 물질도 시간도 공간도 자연법칙도 모두 없었습니다! 그러니 그전에는 그 모든 것을 초월하는 어떤 다른 것—그러니까 물

질이 아니고 시공간, 자연법칙을 초월하는 존재, 바로 신만이 영원부터 있어 왔다고 말할 수 있지 않나요?[13] 그런데 당신은 빅뱅 이전 상태를 말하면서도 여전히 다윈의 법칙을 붙잡고 있군요. 그래서 우주 설계자인 신이 있더라도 다윈주의적 과정을 통해 만들어졌을 것이라고 주장합니다."

도킨스 : "물론 그 이전 상태에 관해서는 아직 아무도 모르죠. 그래서 적어도 지금까지 있어 왔던 이론 중 가장 탄탄한 이론으로 접근해야 하는 겁니다. 바로 다윈주의죠! 그리고 적어도 우주의 설계자가 신이라고 무조건적으로 믿는 것에는 반대합니다! 아무 증거도 없이 믿어야 하는 신은 아니란 말입니다. 이성적으로 충분히 이해 가능한 증거가 있어야 한다는 겁니다."

신을 믿어요 : "참 이상하군요! 어떤 과학자들은 자연을 연구하다가 증거들을 보며 신을 믿게 되던데……. 인류 최초로 인간 몸의 31억 개의 유전자 지도를 완성한 세계적 유전학자 프랜시스 S. 콜린스(Francis S. Collins) 같은 사람 말입니다. 복잡한 유전자 정보와 그 밖의 많은 과학 탐구를 통해 신을 믿게 되었고 《신의 언어》(The Language of God)라는 책까지 썼죠. 그리고 유명한 무신론 철학자 앤터니 플루(Antony Flew)도 과학 연구 결과를 보며 신을 믿게 되고 《존재하는 신》

(There is a God)이라는 책을 씁니다. 그런데 당신은 어떻게 그렇게도 무신론을 절대 진리가 되는 듯이 붙잡고 있는지 모르겠군요."

도킨스 : "그들은 신 망상에 중독된 것일 뿐이죠! 우리가 여기서 사는 데 신은 아무 필요가 없습니다."

신을 믿어요 : "아무 필요 없나요? 아무 의미도 없게 되지는 않나요? 당신은 이 지구 위에 살게 된 것이 단지 우연히 된 것이라 믿고 있죠. 신이 특별히 설계하고 의도한 것 없이, 단지 아무 의미도 없는 우연의 결과!"

도킨스 : "아마 알 수 없는 법칙에 의해 여기 있게 되었을지도 모르죠. 그러나 신이 우리가 여기 있게 된 것에 어떤 의미를 주었다고 생각지 않습니다."

신을 믿어요 : "당신처럼 사는 인생을 묘사한 한 연극이 떠오르네요!"

도킨스 : "어떤 연극이죠?"

신을 믿어요 : "어느 으슬으슬 추워지던 늦가을 날, 어떤 친구와 함께 본 연극이죠. 베케트의 "숨소리"라는 연극입니다. 25초밖에 안 되는 짧은 연극인데, 나오는 사람은 아무도 없죠. 한 아기의 울음소리와 함께 막이 오르고 그리고서 숨소리가 나기 시작하죠. 함께 서서히 조명이 켜지는데 흐릿한 조명 속에 여기저기 너저분한 쓰레기들이 보입니다. 뚜껑 열린 생선 통조림, 시래기국 먹다 남은 것, 타다 남은 연탄재, 찢어진 종이들……. 다시 조명이 서서히 어두워지고 계속해서 나던 숨소리가 멎고 다시 똑같은 아기의 울음소리와 함께 어둠 속에서 연극은 끝나죠. 너저분한 쓰레기 같은 세상에 우연히 태어나 잠깐 숨을 쉬어대다가 아침 안개처럼 사라지는 인생, 그것이 인생이라는 거죠. 바로 당신이 말하는 인생이에요! 아무 의미 없는 인생!"

도킨스 : "글쎄요! 제가 생각하는 인생은 그것보다는 훨씬 밝습니다. 우주는 우리에게 친절하지도 해를 입히지도 않죠! 단지 무관심할 뿐이죠! 그 우주적 무관심 속에서 최선을 다해 인생의 의미를 각자 창조해낸다면 그것으로 충분할 것 같은데요!"

신을 믿어요 : "그럼 우리가 여기 있는 것의 의미는 뭐죠?"

도킨스 : "글쎄요, 그건 아직 생각해 보지 않았는데요. 아니, 아직 만들어내지 않았다는 것이 더 정확한 표현이겠네요!"

신을 믿어요 : "모르겠군요! 당신의 조그만 뇌가 만들어낸 그 의미란 것이 정말 의미가 있는 건지! 당신의 세계에서 당신의 생각은 수백억 년 우주의 우연한 진화 속에서 어쩌다가 생겨난 여러 원자들의 조합이 분비해낸 아이디어일 뿐이죠! 넓디 넓은 바다 위에서 1초도 안 되게 생겨났다 터지는 거품 방울 같은 당신이 만들어낸 의미가 과연 뭘까요? 아마 우리가 흔히 보는 일개미 중에 그런 것이 있을지 몰라요. 잘못된 유전자 배열로 자신의 인생의 의미를 1초의 100분의 1의 짧은 시간 동안 나는 왜 여기 이렇게 있을까를 생각했다가 다

시 개미 조직의 톱니바퀴의 하나로 돌아가 살다 죽는…….”

도킨스 : “너무 자신을 자학하지 마세요! 우리는 지금껏 이렇게 훌륭하게 진화해 온 위대한 생물이니까.”

■ 참고문헌

1) 리처드 도킨스, 만들어진 신(서울: 김영사, 2007), 114.
2) 프랜시스 S. 콜린스(Francis S. Collins), 신의 언어(The Language of God)(파주시: 김영사: 2009), 76-79.
3) www. Leaderu.com/offices/billcraig/docs/craig-smith_harvard00.html.
4) S. Hawking, A Brief History of Time(New York: Bantam Press, 1998), 144.
5) 래리 위덤(Larry Witham), 생명과 우주에 대한 과학과 종교 논쟁 최근 50년(By Design)(서울: 혜문서관, 2008), 223.
6) 위의 책, 223-224.
7) 리 스트로벨(Lee Strobel), 창조설계의 비밀(The Case for a Creator)(서울: 두란노, 2005), 229-231.
8) 만들어진 신, 226-228.
9) 신의 언어, 81.
10) 만들어진 신, 242.
11) 위의 책, 24.
12) 위의 책, 26-27.
13) 창조설계의 비밀, 139.

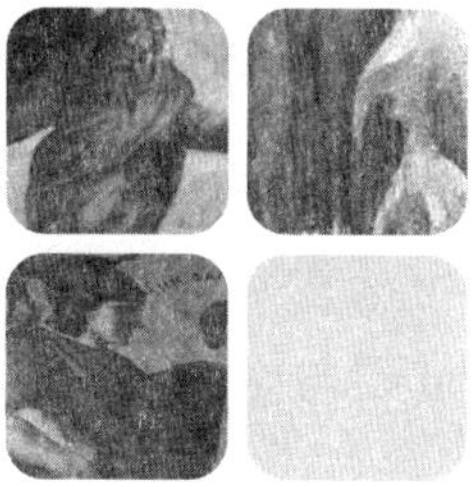

10. 진화론아! 진화론아! 너 과학 맞니?

무신론 진화론 과학자로 유명한 리처드 도킨스는 '신을 믿어요' 라는 사람과 진화에 대해 이야기를 나눈다. 픽션이지만 미주가 붙은 곳은 실제 도킨스나 유신론 학자가 쓴 책에 나오는 내용들을 기초해 썼다.

도킨스 : "왜 진화론을 못 믿는지 모르겠군요! 그렇게 증거가 탄탄한데 말입니다."

신을 믿어요 : "증거가 탄탄하다고요? 그렇지 않다고 말하는 사람들이 점점 더 많아지고 있다는 걸 모르시진 않겠죠? 다윈이 진화론을 만들게 된 중요한 계기가 갈라파고스 섬들을 여행할 때라고 하죠? 거기서 13종의 핀치 새들을 관찰합니다. 이 새는 이곳에서만 살았다고 하죠? 그런데 그 새들이 그곳 여러 섬들에서 각각의 환경에 맞춰 부리가 변형된 것을 발견하죠. 씨앗을 먹기에 좋은 곳은 크고 강한 부리를 가졌고, 곤충을 먹기 좋은 곳은 짧고 날카로운 부리를 가졌다죠. 그래서 생각해낸 것이 진화론이죠. '한 종류의 핀치 새만 번식했는데, 각각의 섬의 환경에 잘 적응한 것들만 그곳에서 생존하고 자손을 이을 수 있었다. 그러니 이런 작은 변화들이 쌓이고 쌓이면 새로운 종들도 만들어질 수 있지 않겠나?' 그리고 이 과정을 전 생명체의 기원으로 확장해 적용하죠! 즉, '모든 생물은 한 종류의 생명체에서 나왔다. 그리고 그중 자신을 변형시켜 자연환경에 잘 적응한 것만 생존한다. 그렇게 계속 다양한 환경에 적응 진화하는 과정에서 다양한 종의 생명체들이 나

왔다!' 라고."

도킨스 : "맞습니다. 더 보충할 것이 없을 정도로 잘 아시네요!"

신을 믿어요 : "문제는 다윈이 자신이 관찰한 증거들을 너무 확대 적용한 것 아니냐는 겁니다. 핀치 새들은 서로 구별하기도 힘들다고 합니다. 그리고 무엇보다 서로 교미도 한다는 것을 나중에 알게 되었죠! 즉, 그것들은 서로 다른 종이 아니라 같은 종이라는 것입니다.[1] 같은 종 안에서 바뀌는 것은 증거가 있으니 인정하죠. 그런데 다른 종으로 바뀌는 것은 어떤가요? 증거가 없습니다. 왜 우리 주위에는 한 종과 다른 종 사이쯤 되는 동물이 없죠? 그럼 과거에는 있었나요? 아뇨! 그런 화석도 없습니다. 쉽게 예를 들어 왜 우리 주위에 원숭이와 인간 중간쯤 되는 동물이나 그런 화석이 없느냐는 것이죠. 진화론은 계속되는 점진적인 변화가 축적되어서 새로운 종이 만들어진다면서요? 그렇다면 한 종과 다른 종의 중간쯤 되는 생물이 엄청나게 많이 보여야 하는데 그렇지가 않거든요. 잃어버린 고리들의 문제죠. 다윈 자신이 자신의 책 《종의 기원》에서 그 문제를 제기하고 해답을 내놓았죠. '중간 단계 종은 너무 빨리 도태된다. 그래서 우리 주위에서는 그런 중간 종의 동물들을 볼 수 없다. 그러니 화석에만 남아 있을 것

이다. 그런데 화석의 기록은 불완전하다. 즉, 아직 충분히 발견되지 않았다. 앞으로 발견될 것이다' 라는 취지로 말했죠.[2)] 맞습니까?"

도킨스 : "맞습니다. 이제 무엇 때문에 다윈주의가 의심스럽다는 것인지 알겠군요."

신을 믿어요 : "다윈의 책 《종의 기원》이 1859년에 나왔으니 이제 150년도 더 지났죠! 그동안 수백만의 화석들이 발견되었는데 대부분의 학자들이 동의할 만한 그런 중간 종의 화석은 발견되지 않았죠! 1980년 10월에 미국 시카고 자연사 필드 박물관에서 전 세계 진화론 관련 학자들 160여 명이 모여 학회를 열었고, 거기서 논의한 주요 의제가 그거였죠. '한 종 안에서 변화하는 것이 한 종에서 다른 종으로 변화하는 것으로 이어질 수는 없다. 즉, 종 안에서의 변화인 소진화에서 다른 종으로 변화하는 대진화로 이어질 수가 없다' 는 거죠! 다시 말해 원숭이가 원숭이 종 안에서 환경에 적응하느라 이리저리 형태나 피부색 등을 변화시킬 수 있지만 그 변화들이 모여 원숭이가 인간으로 변화하는 것은 있을 수 없다는 것입니다. 당시 〈Newsweek〉(Nov. 3, 1980)지 과학란에선 '과학자들이 중간 종의 화석을 찾으려 할수록 더욱 낙심하게 되고 그런 화석은 없는 것이 법칙이 되었다' 라고 그때 분위기를

전해 주었죠! 그래서 당시 하버드 대학의 굴드 교수는 생물은 변화가 없이 오랫동안 한 형태를 지속하다 갑자기 새로운 종이 급격한 유전인자 변이로 등장한다는 '단속평행이론'을 만들죠. 물론 그 갑작스런 새로운 생물의 출현도 증거는 없고요. 그래서 아무도 받아들이지 않았죠.[3] 다시 말해 다윈은 생물이 환경에 적응하느라 이리저리 형태를 바꾸는 것을 무리하게 생물의 기원과 새로운 종의 탄생까지 확대시킨 것 아니냐는 겁니다!"

도킨스 : "무슨 말을 하는지 모르겠군요! 중간 종 화석들은 엄청나게 많이 발견되고 있다고요![4] 시조새나 실러캔스 같은 것들 들어 본 적이 없나요? 중고등학교 교과서에도 나옵니다. 박물관에 가서 직접 보시라고요!"

신을 믿어요 : "중간 종의 화석을 지금껏 진화론 학자들이 눈에 불을 켜고 찾고 또 찾았습니다. 그런데 그런 화석이라고 내놓을 만한 것의 수는 열

손가락에도 들지 않죠! 그것도 많은 사람들이 상당히 의심스러워 하고요.[5] 수백만 화석들 중에서 겨우 손에 꼽을 만한 수라고요. 중간 종의 화석이 그것보다는 많아야 되지 않을까요?"

도킨스 : "그건 단지 화석 기록의 틈새일 뿐이죠! 신을 믿는 자들이 그 틈새를 자꾸 신으로 채우려고 합니다. 중간 화석 기록이 없으니 신이 창조한 것이다 하는 식으로. 그건 아니죠.[6]"

신을 믿어요 : "틈새라고요? 틈새가 아니라 진화론 한가운데 뻥 뚫린 큼직한 구멍이라고요! 다윈 자신이 《종의 기원》에서 그렇게 말했으니까요! 그는 그런 중간 종의 화석이 발견되지 않는다면 자신의 이론에 '가장 분명하고 가장 심각한 반박(the most obvious and serious objection)을 할 수 있다'[7]라고 말했죠. 적어도 그는 그 점에 있어서는 정직한 학자였죠. 지금

이 그때, 심각한 반박을 할 때라고 생각하지 않나요?"

도킨스 : "화석 말고도 분자 유전학, 지리적 분포 같은 다른 증거가 엄청나게 많다고요![8]"

신을 믿어요 : 많은 사람이 '진화론, 확실히 문제 많다' 라고 말하지 않습니까? 왜 당신 혼자만 그렇지 않은 듯이 얘기하는지 모르겠군요. 왜 다윈주의를 다시 전체적으로 점검할 필요가 없다는 듯이 말하는지 모르겠습니다. 진화론 전부가 틀렸다는 게 아닙니다. 예를 들어 '소진화는 맞지만 대진화는 틀리다. 종 안에서의 변이는 맞지만 종에서 종으로 변화하는 것은 틀리다. 증거가 그렇게 이야기한다' 라는 주장은 왜 안 되죠? 왜 '진화론 전체 틀이 무조건 다 맞다. 증거가 없는가? 아직 못 찾았다. 계속 찾아라' 하는 식으로만 생각하는지 모르겠다는 겁니다."

도킨스 : "진화론은 가설이 아니라 과학적 사실입니다. 가설이라는 듯이 말하는 것은 곤란합니다."

신을 믿어요 : "설득력 있는 증거가 없으니 가설일 뿐입니다. 우리 조상들이 자신만만하게 짜맞춘 과학 가설들 중 많은 것이 한 줌의 재로 변했습니다. 오늘날 소중히 여기는 과학 이론도 많은 것이 그렇게 될지 모릅니다![9] 게다가 진화론은 그

자체가 자신을 허물어뜨리는 꼴을 갖고 있죠. 마치 자기 꼬리를 먹어 들어가는 뱀처럼요."

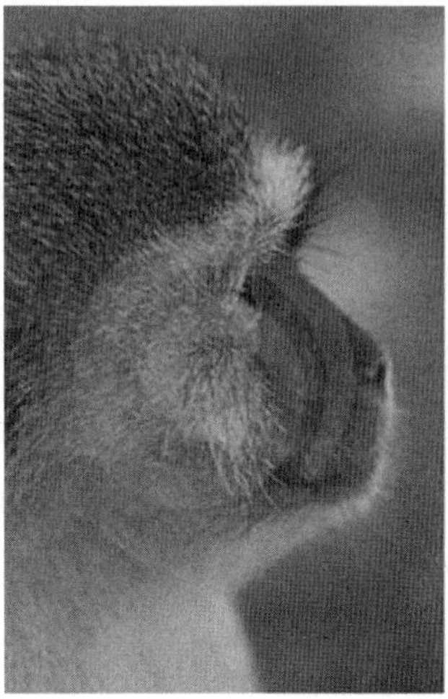

도킨스 : "그 마지막 말은 또 무슨 뜻인지 모르겠군요! 진화론과 뱀이라?"

신을 믿어요 : "이것도 찰스 다윈이 이미 예견한 거죠! 그는 어떤 편지에서 이렇게 말했다습니다. '저등한 동물에서 발전되어 나온 인간의 뇌에서 나온 신념이 얼마나 가치가 있을지 또는 믿을 만한지? 항상 무서운 의심이 든다! 설령 원숭이가 어떤 신념을 갖고 있다해도 그걸 믿을 수 있을까?'[10] 그의 무서운 의심을 좀 더 발전시켜 볼까요? 그런 뇌에서 나온 진화론을 얼마나 믿을 수 있을까요? 진화론에서, 생물은 모든 행위를 생존에 도움이 되기 때문에 할 뿐이라고 말하죠! 스스로 그것을 깨닫든 말든……. 그렇다면 진화론이라는 이론 자체가 단지 생존에 도움이 되기 때문에 뇌가 만들어낸 거짓말이라면?"

도킨스 : "진화론은 인간의 지적 능력을 믿지 못하게 만든다?"

신을 믿어요 : "모든 주장을 의심하게 만들죠!"

도킨스 : "철학에서나 말하는 회의주의 같군요. 모든 것을 의심한다는 회의주의! 하지만 진화론은 과학이지 철학이 아닙니다!"

신을 믿어요 : "과학 이론이라도 탄탄한 증거가 없습니다. 매우 의심스런 짜맞춰진 이야기일 수 있죠! 어쩌면 몇십 년, 몇백 년 후에는 아예 없어질지도 모르는……."

도킨스 : "그럴 일은 절대 없을 겁니다."

■ 참고문헌

1) 리처드 밀턴(Richard Milton), 다윈도 모르는 진화론(Shattering the Myths of Darwinism)(서울: AK), 226-227.
2) Charles Darwin, The Origin of Species(New York: The Modern Library, 1993), 212.
3) 양승훈, 창조와 격변(서울: 예영, 2006), 163-164.
4) 리처드 도킨스, 만들어진 신(서울: 김영사, 2007), 198.
5) 필립 E. 존슨(Philip E. Johnson), 심판대 위의 다윈(Darwin on Trial)(서울: 까치방, 2006), 123-124.
6) 만들어진 신, 197-198.
7) The Origin of Species, 406.
8) 만들어진 신, 198.
9) 테리 이글턴(Terry Eagleton), 신을 옹호하다(Reason, Faith and Revolution)(서울: 모멘토, 2010), 164.
10) 다윈이 W. Graham에게 보낸 편지(1881년 7월 3일), The Autobiography of Charles Darwin and Selected Letters(New York: Dover Publications, 1958).

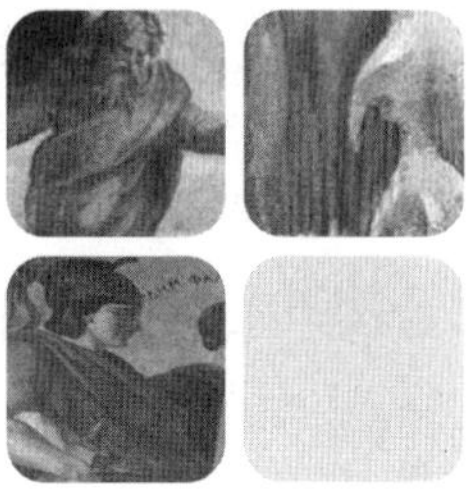

11. 노아의 홍수 이야기, 사실인가, 신화인가? (1)

오늘날 지구에서 살아가는 200여 민족, 부족이 270여 개의 홍수 이야기를 가지고 있다. 기본 뼈대는 노아 이야기와 비슷하다. 즉, 엄청나게 큰 홍수였고 큰 배를 지어 소수의 사람들과 동물들을 태워 살아났다 등등. 민족도 다양하다. 중국, 이집트, 바벨론, 미국 인디언, 에스키모 등등.[1]

노아 홍수 이야기를 믿는 쪽은 이것이 노아 홍수 이야기의 증거라 한다. 즉, 노아 사건 후에 시대가 지나면서 여러 종족으로 나뉘고 그 사건 이야기가 조금씩 서로 다른 신화 전설 이야기로 발전했다는 주장이다. 반대로 노아 홍수 이야기를 믿지 않는 쪽은 그것이 오히려 신화라는 증거라 한다. 즉, 여러 종족이 갖는 비슷한 신화 이야기 중 하나일 뿐이라는 것이다. 어느 쪽이 맞을까?

우리는 여기서 노아 홍수 이야기를 그것과 가장 비슷하다고 하는 고대 바벨론의 길가메시 11번 판에 실린 이야기와 비교하려 한다. 신화는 신화만의 이야기 형식이 있다. 만일 두 이야기가 신화의 특징을 모두 갖는다면 둘 다 신화일 것이다. 하지만 노아 이야기가 길가메시 이야기와 비교해 신화의 특징이 없다면 사실일 것이다. 길가메시 이야기가 노아 이야기를 기초로 발전된 신화 이야기리라.

먼저 신화는 꾸며낸 이야기이기 때문에 자연 법칙과 어긋나는 이야기로 가득 차 있다. 상상력이 만들었다는 것이다. 그때 홍수는 엄청난 규모의 것이라 했다. 그럼 노아의 방주가 그 엄청난 홍수를 견딜 만하게 만들어졌어

야 한다.

방주는 신이 노아에게 길이가 300규빗(약 137m), 폭이 50규빗(약 23m), 높이가 30규빗(약 13m)으로 지으라 했다고 한다(창 6:15). 넓고 평평하면서 납작한 배의 모습이다. 1992년 6월부터 창조과학회 의뢰로 국가 공인 기관인 해사기술연구소는 이 방주 규격의 안정성을 검토하였다. 해사기술연구소는 우리나라 대부분의 배의 안정성을 검사하는 곳이다. 그런데 실험 결과는 이 방주 규격이 현대 최첨단 조선공학기법으로 만들어진 그 어떤 배보다도 안정성이 뛰어나다는 것이었다.[2)]

이 결과를 보면서 두 가지 종류의 반응을 보일 것이다. 첫째는 역시 하나님은 모든 것을 아시니까 가장 안전한 배의 규격을 노아에게 가르쳐 주셨다는 것이고, 둘째는 '노아 이야기를 지어낸 사람은 고대시대에 이름이 알려지지 않은 대단한 천재였다.

그래서 현대 조선공학을 이미 이해하던 사람이었다' 라는 생각이다. 어느 쪽 생각이 옳다고 생각하는가?

길가메시 이야기의 홍수 이야기에도 큰 배의 규격이 나온다. 그 배는 가로, 세로, 높이가 똑같은 정육면체의 형태를 가지고 있다. 바닥이 1에이커니까 가로, 세로, 높이가 각각 약 4,047m이다.[3)] 해사기술연구소에 의뢰할 필요도 없을 것 같다. 상식적으로 평평하고 납작해야 물 위에서 안정성이 높을 텐데 정육각형이라니……. 그리고 여기서 우리는 분명히 신화의 특징을 보게 된다. 바로 엄청난 과장이다. 가로 세로 높이가 각각 4km에 다다른다고 하니 말이다. 그리고 또 다른 엄청난 신화적인 과장이 있다. 길가메시 이야기에 따르면 단 7일 만에 그 배가 완성되었다고 한다(토판 11.79). 4km 정육각형 그 큰 배를…….

노아 이야기에는 배 만드는 데 정확히 시간이 얼마 걸렸다는 말은 없다. 그러나 추정은 할 수 있다. 신은 노아가 자식을 낳았을 때 방주를 지으라 한다(창 5:32, 6:10-11, 13). 아마 이때부터 짓기 시작했을 것이다. 그리고 홍수가 시작되어 방주에 들어갈 때 노아의 나이가 나온다(창 7:6-7). 이때쯤 방주를 다 지었을 것이다. 그 차이를 계산해 보면 100년 정도가 된다. 고대 시대 기술로 그 큰 배를 지으려면 그 정도 시간은 필요했을 것이다.

■ 참고문헌

1) Harold W. Clark, Fossils, Flood, and Fire(Escondido, CA: Outdoor Pictures, 1968). Ch 5.
2) 국민일보 1993. 2. 17; 홍석원 외 8인, "노아 방주의 운항 안전성", 창조과학 국제학술대회 논문집(서울: 한국창조과학회, 1993. 8. 6-7), 105-120.
3) James B. Pritchard 편집, Ancient Near Eastern Texts(Princeton: Princeton University Press, 1969), 93. 특히 각주 193.

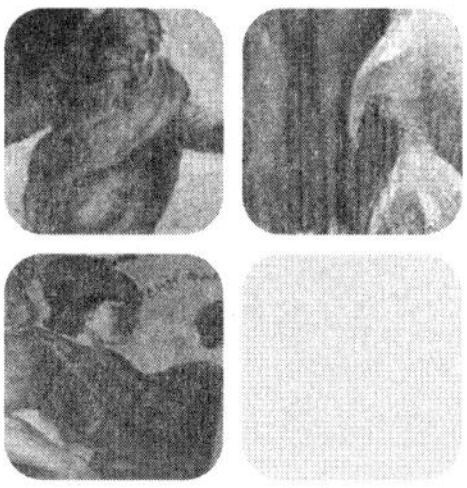

12. 노아의 홍수 이야기, 사실인가, 신화인가? (2)

두 번째로 볼 수 있는 신화와 사실의 다름은 글쓰기 스타일의 차이에 있다. 바로 사실의 기록은 세부적인 내용이 많다는 것이다. 영화로도 나왔던 《나니아 연대기》를 썼고 케임브리지 영문학 교수였던 C. S. 루이스는 예수의 이야기를 신화 이야기로 알았다고 한다. 그런데 그가 《나니아 연대기》를 쓴 것으로 알 수 있듯 그의 전공은 신화 전설이었다. 성경 속 이야기가 신화와 다른 점을 발견하는데, 그것은 바로 세부적인 사실의 기록이 많다는 것이다.

사실을 보고할 때 세부적인 것을 기록하게 된다. 그래서 세부적인 내용이 들어가면 사실적으로 느껴진다. 현대 소설에 오면 리얼리즘을 더하기 위해 이런 기법을 만들어낸다. 하지만 고대 소설이나 신화 이야기에는 이런 기법이 아직 없었다. 그래서 그는, 성경은 실제 있었던 이야기를 썼거나 아니면 어떤 문학적 천재가 쓴 이야기라고 결론을 맺는다. 그리고 기독교를 믿게 된다.[1)]

노아 홍수 이야기에도 세부적인 내용이 많다. 항해일지를 쓰듯이 정확히 언제 어디서 어떤 일이 있었다는 식으로 기록된다. 그래서 실제 상황인 느낌이 든다.[2)] 예를 들면 이렇게 쓴다. 노아가 600세 되던 해 둘째 달 곧 그 달 열이렛 날에 비가 오기 시작해 40주야를 왔다(창 7:11-12). 물이 점점 올라 높은 산이 다 잠기고 물이 15규빗이나 올랐다(창 7:19-20). 모든 것이 죽었는데 물이 150일을 땅에 덮쳤다(창 7:21-24).

물이 빠지고 150일 후 일곱째 달 곧 그 달 열이렛 날에 방주가 아라랏 산에 머물렀고 물이 점점 더 줄어 열째 달 곧 그 달에 초하룻날에 산 봉우리들이 보였다(창 8:3-5). 40일 지나서 물이 말랐는지 보려고 까마귀를 내보냈는데 있을 곳이 없어 그냥 다시 왔다. 7일 더 있다가 비둘기를 내보내자 저녁때에 입에 감람나무 새 잎을 물고 왔다. 7일 있다 다시 비둘기를 내놓자 돌아오지 않았다(창 8:6-12).

601년 첫째 달 곧 그 달 초하룻날에 방주 뚜껑을 제치고 보니 물이 걷혔다. 둘째 달 스무이렛 날에 땅이 말랐다(창 8:13-14).

그럼 길가메시 이야기는 어떻게 쓰여졌을까? 길가메시 이야기에서는 정확히 언제 그 사건이 일어났다는 말이 없다. 우리나라 옛날 이야기가 "옛날 옛적에……"로 시작하는 것과 같다. 꾸며낸 이야기일수록 육하원칙이 없다. 길가메시에 시간과 관련된 표현은 다음이 다이다.

다섯째 날에 배의 골격을 다 만들었다(토판 11.60). 일곱째 날에

배 완성되었다(11.80). 6일 밤낮으로 홍수 바람이 몰아쳤고 7일 만에 비가 그쳤다(11.130). 7일 동안 니시르 산에 배가 걸려 있었다(11.150).

7일 동안에 배를 다 만들고 7일 동안에 비가 내렸고 7일 동안에 배가 산에 걸려 있었다는 것이다. 별로 사실적으로 느껴지지 않는 글쓰기가 아닌가?

정확히 시간과 사건을 쓰면 생생하게 느껴진다. 드라마나 영화에서 이런 것을 볼 때가 있다. 어떤 사람이 실종되었고, 수사팀이 그를 찾기 시작한다. 그리고서 사건이 진행될 때마다 자막에 "실종된 지 5시간 경과", "실종된 지 17시간 경과" 하는 글귀가 나오는 경우이다. 이런 것이 리얼리즘을 더하기 위한 것이다. 트위터로 실시간으로 자기 상황을 알릴 때 더 박진감 있고 생생한 느낌을 받지 않는가?

노아 이야기는 실제 사실을 보고하는 형식의 글쓰기이다. 실제 사실을 일어나는 대로 썼기 때문에 그렇다. 그게 아니라면 C. S. 루이스가 말한 대로 이름이 알려지지 않은 고대의 천재적인 이야기 꾼이 지어낸 이야기일 것이다. 현대 소설에 와서야 제대로 만들어지는 리얼리즘 테크닉을 쓸 줄 알았던 천재 말이다. 어느 쪽이 옳다고 생각하는가?

■ 참고문헌

1) Walter Hooper가 편집한 C. S. Lewis, Christian Reflections(Eerdmans, 1967), 155.
2) 양승훈, 창조와 격변(서울: 예영, 2006), 424.

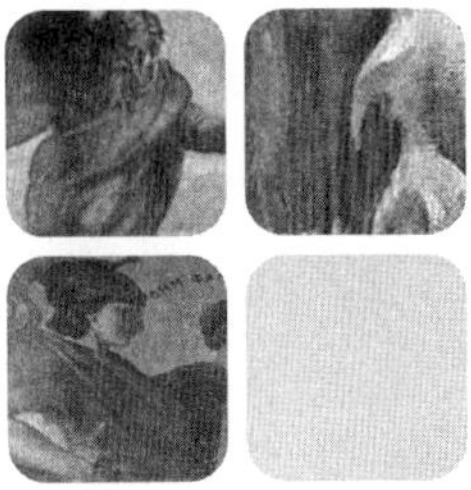

13. 노아의 홍수 이야기, 사실인가, 신화인가? (3)

성경에 보면 노아가 육백살 때 홍수가 났다고 한다(창 7:6). 어떻게 사람이 이렇게 오래 살 수 있을까? 이것은 홍수 이야기가 신화라는 증거가 아닌가? 창조과학회의 과학자들은 이렇게 설명한다.

노아가 이렇게 오래 살 수 있었던 것은 홍수 이전의 자연환경이 지금과 전혀 달랐기 때문이다. 그 증거로 홍수 이후의 사람들의 수명이 확 줄어 버린 것을 지적한다. 창세기 5장에 보면 홍수 이전의 사람들의 수명이 족보와 함께 나온다.

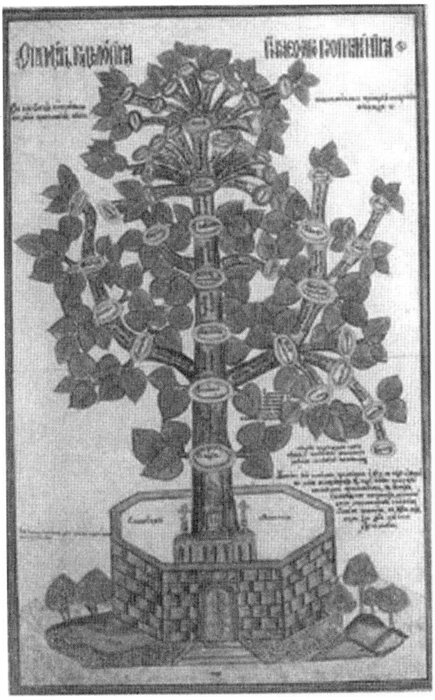

아담(930세)-셋(912세)-에노스(905세)-게난(910세)-마할랄렐(895세)-야렛(962세)-에녹(365세에, 에녹은 중간에 승천했다 함)-므두셀라(969세)-라멕(777세)-노아(950세, 창 9:29). 즉, 보통 800-900세 정도 살았다. 그런데 홍수 이후의 수명은 줄어든다.

홍수 이후의 족보와 수명은 창세기 11장 10-26절, 32절에 나온다. 셈(600세)-아르박삿(438세)-셀라433세)-에벨(464세)-벨렉(239세)-르우(239세)-스룩(230세)-나홀(148세)-데라(205세). 그다음이 아브라함-이삭-야곱-요셉이다. 요셉에 이르면 110세에 죽는다(창 50:26). 그 이후에는 사람들이 현대인과 비슷한 나이에 죽는다.

홍수 이전에는 훨씬 환경이 좋았던 것으로 본다. 창세기 1장 6-7절에 보면 하나님이 궁창 위의 물과 궁창 아래의 물로 나누었다고 한다. 궁창은 공간을 뜻하는데 공간 밑의 물은 강, 바다 같은 것을 뜻하고 공간 위의 물은 실제로 두터운 수증기층이었을 것이다.

이 수증기층이 생물에 해로운 각종 고주파 방사선을 막아낸 것이다. 그런데 홍수 때 이 수증기층이 파괴된다. 지금은 오존층만 그 역할을 하는데 홍수 이전에는 오존층과 함께 두터운 수증기층이 훨씬 성능이 좋은 오존층 역할을 했을 것이다. 그래서 사람들은 훨씬 더 오래 살 수 있었고, 생물들은 더 크고 튼튼했을 것이다.

그래서 홍수 전의 사람으로 보이는 네안데르탈인이나 크로마뇽인의 뇌는 현대인의 뇌보다 10%나 더 크다. 그리고 키가 3m나 되는 거인 원숭이 화석이나 1m짜리 잠자리 화석이 발견되기도 한다. 공룡 같은 큰 생물도 살 수 있었다. 홍수 전의 것은 모두 더 크고 튼튼했다는 증거이다.

홍수 전의 환경이 훨씬 더 좋았다는 증거는 창세기 2장 5-6절에도 있다. 여기 보면 처음에는 땅에 비가 오지 않았고 안개만 땅에서 올라와 지면을 적셨다고 한다. 안개는 바람이 없어야 만들어진다. 그런데 바람은 지역 간의 기압차가 있어야 생긴다. 지역 간의 기압차는 지역 간의 온도차가 있어야 생긴다. 즉, 안개가 있었다는 것은 바람이 별로 없었다는 것이고, 그것은 곧 지역 간의 온도차가 별로 없었다는 얘기다.

즉, 대기 중에 두터운 수증기층이 온실효과를 만들어 전 지구가 따뜻한 아열대성 기후였다는 것이다. 그것에 대한 증거들이 시베리아, 알래스카, 남극 같은 추운 지역에서 아열대에서만 자라나는 활엽수 숲 화석이 발견되는 것이다. 즉, 그곳도 한때는 따뜻했던 곳이라는 말이다.

그런데 이 모든 것이 홍수 때 깨진다. 창세기 7장 11절에 보면, 큰 깊음의 샘들이 터지고 하늘의 창들이 열리면서 홍수가 시작된다. 깊음의 샘들이 터진 것은 화산과 지하수가 터진 것으로 본다. 실제 화산이 폭발할 때 미세한 화산재도 함께 하늘로 올라가 응결핵이 되어 수증기를 응결시켜 비가 오게 할 수 있다고 한다. 그리고 하늘의 창들이 터졌다는 것은 대기의 두터운 수증기층이 터진 것으로 본다.

그래서 창세기 9장 3절에 보면 하나님이 홍수 후에 노아 가족에게 고기를 먹으라고 하신다. 홍수 이전에는 환경이 워낙 좋아 채식만 해도 문제가 없었다. 하지만 이후로 환경이 아주 나빠졌기 때문에 고기를 먹어야 제대로 영양분을 보충할 수 있게 되었다.

■ 참고문헌

양승훈, 창조와 격변(서울: 예영, 2006), 425-445.

3부

무신론, 다른 종교와 말하기

1. 부처님 오신 날/ 붓다의 가르침에 등 돌리는 승려와 불자들

2012년의 부처님 오신 날은 5월 28일이다. 인류에 바른 양심을 가르치신 분의 생신은 우리 모두를 흥분하게 한다. 만일 그분이 태어나지 않았을 세상을 생각해 보라! 아마도 세상은 지금보다 더 많이 양심을 저버리고 있는 모습이리라.

그분이 가르치신 바른 양심 중 하나가 오계(五戒)이다. 다섯 가지 바른 실천을 뜻하는데, 그 오계 중 하나가 바로 거짓말을 하지 않는 것이다. 그리고 괴로움을 없애기 위해 닦아야 하는 여덟 가지 덕목 중 하나가 정어(正語), 즉 바른 언어이다. 이 덕목은 거짓말을 하지 않는 것도 포함한다.

이렇게 붓다의 가르침 중 하나가 거짓말을 하지 말라는 것이다. 그런데 공공연히 거짓말인 줄 알면서 눈을 돌리고 있는 사실이 있다. 그것은 한국, 일본, 중국에 많이 퍼져 있는 대승불교는 붓다의 가르침이 아니라는 것이다.

그래서 대승불교가 처음 나왔을 때 전통 불교에서는 그건 불교가 아니라는 주장이 나왔었다. 너무 다르기 때문에. 예를 들면 붓다의 가르침은 열반을 최고로 치는데, 대승은 보살을 최고로 치는 것 같은 차이다!

그러나 분명하게 이단으로 규정된 것은 아니었다. 사실 불교에서는 이단을 규정하는 종교재판도 없었다. 그러다 일본의 메이지 시대(1868-1912)에 일본 불교 학자들이 유럽의 문헌학 비평 방식을 받아들이면서 좀 더 분명히 하게 되었다.

즉, 대승불교 경전은 붓다가 직접 말한 것이 아니었다! 전통 불교에서는 경전이 "나는 이렇게 들었다"라는 문구로 시작된다. 붓다의 1세대 제자들이 그렇게 들은 것이 입에서 입으로 몇백 년을 전해 내려오다가 주전 1세기에 책으로 편집되었다는 전승이 내려

온다.

그런데 대승불교의 경전은 주후 1세기에 갑자기 불쑥 튀어나왔다. 그것도 똑같은 문구 "나는 이렇게 들었다"로 시작된다. 그러나 그것은 후대에 만들어졌기 때문에 부처에게 직접 들은 것일 리가 없다! 부처의 1세대 제자들로부터 전해 내려왔다는 전승도 없고…….

지금은 모두가 이 주장을 받아들인다. 그래서 대승불교계에서는 "우리 경전은 다만 부처의 정신에 맞는 경전이다"라며 '불의경'(佛意經)임을 주장한다. '전통 불교 경전은 '부처의 말을 직접 실은 것'이라 하여 '불구경'(佛口經)이라 부르고 대조시킨다.

사실 불교에서는 그런 경우가 많다. 부처는 전혀

그런 얘기를 하지 않았는데 그렇게 얘기했다는 식의 경전이 많다. 그래서 마스타니 후미오라는 불교학자는 불교의 역사는 이단의 역사라고까지 말했다. 원래 부처의 가르침을 후대 불교인들이 계속해서 자유롭게 바꾸었기 때문이다.

붓다는 거짓말을 하지 말라고 했는데, 대승불교에서는 붓다의 말씀이 아닌 것을 붓다의 말씀이라고 공공연히 거짓말을 한다. 이 불편한 진실을 어떻게 해결해야 하겠는가? 그것은 용기 있게 진리를 찾겠다는 결심을 하는 것이다. 그것이 첫걸음이다.

■ 참고문헌
권탄준 외 8명, 불교의 이해(서울: 금강대 불교문화연구소, 2008).
마스타니 후미오, 불교개론(서울: 현암사, 2009).
박양운, 그리스도교와 힌두교, 불교 (서울: 가톨릭출판사, 1997).

2. 부처님 오신 날/ 없어진 신을 찾는 승려와 불자들

그럼 대승불교에서 붓다의 가르침을 저버린 예로 무엇이 있을까? 가장 먼저 붓다를 신으로 등극시킨 것이다. 붓다는 결코 생전에 자신의 불상을 만들거나 하는 일을 하라고 말한 적이 없다. 오히려 자신을 '진리를 찾는 사람 중 하나' 라고만 했다.

초기 경전에 분명히 나온다. 〈상응부 경전〉 22:87 바카리에 보면, 바카리라는 스님이 병들어 죽기 전 부처를 뵙고 싶다고 했다. 그래서 부처가 그를 방문했다. 바카리는 자신이 존경하며 우러러

보던 스승이 방문하자 너무나도 기뻤다. 바카리는 마지막으로 뵙고 최고의 경배를 드리고 싶다고 말했다. 그러나 부처는 자신의 늙은 몸을 봐서 뭐하겠느냐며, 자신의 가르침을 보는 자가 자신을 보는 것'이라고 하며 그 청을 물리친다. 자신을 예배하려는 것을 물리친 것이다.

또 초기 경전 중 한 경(〈장부경전〉 16 대열반경. 한역동본-장아함경 11, 유행경)을 보면, 부처가 장마철에 병을 얻었다가 겨우 회복했다. 그때 한 제자가 교단 일에 아무 말씀이 없으셨으니 돌아가시지 않을 줄 알았다고 얘기했다. 즉, 교단 지도자로서 그냥 돌아가실 리 없다고 생각한 것이다. 이에 대해 붓다는 "난 너희들이 나에게 의지해 있다, 또는 내가 너희들의 지도자다라고 생각한 적도 없다"라고 말씀한다. 즉, 자신도 교단의 한 일원일 뿐이며, 우리 모두 진리를 찾는 사람들이라는 뜻이다.

불상 숭배가 붓다의 뜻이었다고 주장하는 학자들이 있다. 팔리어 문헌인 〈깔링가보디 자따까와 마하빠리닙나마 숫따〉에 있는

한 이야기가 증거라 한다. 거기서 제자 아난다가 붓다가 없을 때나 죽은 후 그를 대신할 상징물을 만들 수 있게 해달라고 한다. 이에 붓다는 깨달음을 얻을 때 앉아 있던 보디 나무(Bodhitree)에 경의를 표하는 것을 승락한다. 하지만 이것은 숭배할 불상을 만들어도 된다는 뜻이 아니다. 그를 대신해 경의를 표할 상징물을 제시한 것뿐이다.

또 〈마라빠리닙나마 숫따〉에 있는 이야기를 증거로 삼기도 한다. 거기 보면 아난다가 붓다의 유골을 어떻게 처리할지 묻는다. 이에 제왕처럼 하라고 대답한다. 분명히 그는 말씀하기를 왕처럼 하라고 했지, 신을 대하듯이 하라고 하지 않았다.

사실 붓다는 열반을 위해 신의 도움을 받는 것을 거부한다. 힌두교의 〈바가바드기타〉에 따르면 해탈을 위해 지식의 길, 행위의 길, 신을 사랑하는 길이 있다고 한다. 붓다의 해탈을 위한 여덟 가지 방법 팔정도(八正導)는 힌두교의 지식의 길, 행위의 길과 같은 것이다. 그러나 신을 사랑하는 길은 뺀다.

보살들의 모임(중국 6세기 저자 미상의 그림)

그러나 그 후에 대승불교 승려와 불자들은 다시 만든다. 붓다가 없애 버린 신을 사랑하는 길을 다시 만든 것이다. 바로 붓다를 신으로 등극시켜서 말이다. 비슷하게 신 같은 존재들인 보살들도 만들어 냈다.

이것은 마치 과거 공산주의 국가에서 일어난 사건과 비슷하다. 공산당은 무신론을 교리로 내세웠다. 하지만 신은 없어지지 않았다. 오히려 사람들이 다시 만들어 냈다. 바로 정치 지도자들을 신격화해서 말이다. 수많은 신들이 만들어졌다. 스탈린, 모택동, 김일성 등. 마치 대승불교에서 붓다, 보살들 같은 수많은 신들이 나온 것처럼…….

아무리 부인하려 해도 우리 안에는 신을 찾고자 하는 마음이 있다. 그것을 억누르면 억누를수록 이상한 형태로 다시 튀어나온다. 마치 너무나 배가 배고픈데 먹고 싶은 본능을 계속 억누르면 눈앞의 필통이 빵으로 보이는 것과 같다. 이성에 대한 갈망을 억누르면 억누를수록 그런 꿈만 꾸게 되는 것과 같다. 억누르지 않고 풀어 놓아야 한다. 우리는 그렇게 만들어졌으니까!

■ **참고문헌**

권탄준 외 8명, 불교의 이해(서울: 금강대 불교문화연구소, 2008).
마스타니 후미오, 불교개론(서울: 현암사, 2009).
스가누마 아키라, 힌두교(서울: 여래, 2003).
유성욱, 붇다의 신격화에 관한 연구(종교와이성, 2007).

3. 기독교, 불교 · 힌두교, 과학/ 우주를 보는 다른 눈들

도킨스와 불교 · 힌두교 대표와 기독교 대표가 대화를 나누었다. 이들은 우주와 인간을 보는 눈이 서로 다름을 알게 된다. 미주를 붙인 곳은 실제 과학자, 불교학자들의 글을 기초로 쓴 것이다.

도킨스 : "전 종교는 다 싫어하지만 특히 불교, 힌두교를 더 싫어하는 이유가 있죠!"

불교 · 힌두교 짱 : "그게 뭐죠?"

도킨스 : "이 종교들은 과학과는 전혀 다른 눈을 가지고 있다는 겁니다!"

불교 · 힌두교 짱 : "어떤 눈을 말씀하시는 거죠?"

도킨스 : "눈에 보이는 이 우주를, 이 세상을 너무 우습게 보는 것이죠. 그러니까 산속에 들어가 수양하는 것을 고귀하다고 하고요. 윤회의 고리를 끊고 이 세상을 떠나는 해탈을 가장 중요한 것으로 여기지 않나요?"

불교 · 힌두교 짱 : "그건 맞습니다. 그것이 힌두교의 우주관이죠! 불교도 비슷한 관점을 가지고 있고요. 힌두교 경전 중 하나인 〈스베타스바타라 우파니샤드〉에 따르면 온 우주는 최고신이 창조해 낸 환상–마야–에 불과하죠! 마치 마술사가 마술을 하듯이! 신의 잘못된 생각, 또는 장난으로 생겨난 것이 이 우주라는 겁니다. 각 개인도 결국 최고 신이자 '큰 나'인 브라만에게서 유출된 것에 불과하기 때문에 다시 그리로 돌아가야 한다는 말이죠. 지금 이 세상은 환상이니까 실재 존재인 브라만에게 함몰되어야 한다는 것이죠. 내가 없어지는 것이 최종 목적이죠! 그것이 바로 해탈입니다."[1)]

도킨스 : "하지만 이 세상이 단지 환상이라는 것은 도저히 믿을 수가 없군요! 그리고 나를 없애고 '큰 나'인 신에게 함몰시키라는 것은 더욱더요! 우리 세상, 나를 전혀 인정하지 않는 것 말이에요!"

불교 · 힌두교 짱 : "그것은 이 우주가, 이 세상이, 내가 너무도 추하기 때문이죠! 힌두교의 〈마이트리〉라는 경전에 이렇게 나옵니다.

먼저 인간에 대해 이렇게 이야기하죠! '이 몸뚱이 속에서 욕구, 분노, 탐욕, 미혹, 공포, 낙담, 질투, 욕망할 수 있는 것과의 떨어짐, 욕망할 수 없는 것과의 붙음, 배고픔, 목마름, 늙음, 죽음, 병듦, 비통 등 그런 것으로 괴로워하는데, 욕망의 향유가 무슨 소용이란 말인가?' (마이트리 I. 3)

또 우주에 대해서는 '그리고 우리는 이런 각다귀, 모기, 비슷한 것들, 풀, 그리고 자라나고 죽어 가는 나무처럼 이 전 세계가 썩어 가는 것을 보고 있다네. 그러나 참으로 이런 것

들이 어쨌단 말인가?……이런 존재의 순환 속에서 욕망을 향유하는 것이 무슨 소용이란 말인가?' 〈마이트리 우파니샤드〉 I. 4라고 합니다.[2] 그러니 이곳을 떠나는 해탈이 인생 최고의 목표가 되는 겁니다. 불교도 비슷하죠! 불교 초기 경전인 숫타니파타 처음의 장, 11 승리 편에도 보면 인간의 육체가 얼마나 구역질 나는가를 묘사하는 부분이 있죠! 힌두교의 〈마이트리〉와 비슷하게!"

도킨스 : "어떻게 똑같은 인간과 우주를 보면서 그렇게 다른 결론에 도달할 수 있는지 놀랍군요! 저는 아프리카의 정원에서 프랑기파니와 능소화의 밤 향기에 취해서 오리온 자리, 큰곰자리 별들의 은하수 음악에 눈물을 글썽이며 경이감을 느꼈었죠! 그건 거의 종교적인 경이감까지 불러일으켰던 경험이었고요! 물론 여기서 종교적이란 말이 신을 인정한다는 말은 절대 아니고요! 가장 경이롭고 가장 아름답고 가장 장엄한 그 무엇이 있는 곳에서 그렇게 비관적인 관점을 가질 수 있다는 것이 거듭 충격입니다.[3] 아마 그들이 고대인이어서 과학을 몰랐기 때문에 더 그랬을 수도 있죠! 인간의 몸과

우주의 정밀한 구조와 작동 방식을 조금이라도 알았다면 도저히 그런 말이 나올 수 없었을 텐데……."

불교 · 힌두교 짱 : "이 세상의 모든 악과 슬픔, 고통을 보면서 그런 말이 나올 수 있을지 모르겠군요!"

도킨스 : "밝은 면을 보자는 것이죠! 하긴 그렇게 눈에 보이는 이 세상을 다 환상이라고 하니! 이 우주의 작동 원리 역시 별볼일 없는 것으로 보겠군요! 과학자에게는 경탄과 놀라움의 대상이 되는데……. 이 우주와 자연에 대한 사랑과 놀라움이 없다니, 오히려 혐오감만 가득하다니! 그러니 그쪽 문화권에서는 과학과 과학자가 나올 리가 없었던 거군요!"

기독교 짱 : "사실 양쪽 모두에 일리가 있어요!"

불교 · 힌두교 짱, 도킨스 : "그건 무슨 말이죠?"

기독교 짱 : "당신들이 보는 세상과 우주에 대한 관점은 너무 한쪽으로만 치우쳐 있죠. 기독교는 양극단의 중간쯤에 있습니다. 한편으로는 이 세상의 어두운 면을 이야기하죠. 아담과 하와는 죄를 짓고 에덴에서 쫓겨나죠. 그리고 인간 세상은 온갖 더러운 탐욕과 추한 것으로 가득하다고 말합니다.

시편 51편 5절에 보면, 다윗 왕은 자신이 죄악 중에 태어났다고 합니다. 원죄론이죠. 우리 몸에 죄의 피가 흐르고 있다는 것이죠. 하지만 또 한편으로는 죄가 이 세상에 들어왔지만 여전히 남아 있는 이 우주의 아름다움을 보며 감탄하며 외칩니다.

예를 들면, 시편 8편은 하나님의 영광과 아름다움이 온 우주에 가득함을 경탄하며 노래합니다. 그래서 로마서 7장에 보면, 사도 바울은 자신 안에 선의 법과 악의 법 둘 다가 있다고 고백합니다. 하나님의 아름다움이 내 안에 있지만 동시에 추하고 더러운 욕정도 여전히 있다는 것이죠! 그래서 기독교는 불교나 힌두교처럼 해탈을 꿈꾸며 이 세상에서 도망가려고만 하지는 않습니다. 여전히 우리를 매료시키는 아름다움이 이곳에 있다고 믿으니까요. 그렇다고 도킨스 씨처럼 이 세상은 아무 문제 없이 아름답다고만 말하지도 않습니다. 이 세상은 온갖 더러운 죄와 탐욕으로 가득 차 있다고 보니까요. 그래서 이곳을 고치려고 노력하죠! 아름다운 것이 추한 것을 이기도록!"

■ **참고문헌**

1) 박양운, 그리스도교와 힌두교, 불교(서울: 가톨릭출판사, 1997), 92-93.
2) 정세근, 윤회와 반윤회(충북: 개신, 2009), 141-142.
3) 리처드 도킨스, 만들어진 신(서울: 김영사, 2007), 23-25.

4. 불교 · 힌두교의 윤회와 성경의 고난의 신비, 어느 것이 옳은가?

무신론 과학자 도킨스와 불교 · 힌두교 짱이 윤리에 대해 토론한다. 픽션이지만 미주를 붙인 곳은 도킨스나 불교 · 힌두교계의 학자들의 의견을 기초로 쓴 것이다.

도킨스 : "그럼 불교 · 힌두교는 도대체 얼마나 윤리적이라는 겁니까? 저를 매우 불편하게 하는 것이 생각나는군요. 윤회 말입니다. 제 친구 줄리안 스위니한테 언젠가 들은 얘기죠! 그 친구가 태국에 갔을 때 장애가 아주 심한 남자아이를 돌

보는 여성을 만났다고 해요. 그 친구는 그 여성에게 가여운 아이를 돌보니 참 훌륭한 일을 한다고 말해 주었답니다. 그런데 그 여성이 뭐라고 대답했는지 알아요?"

불교 · 힌두교 짱 : "뭐라고 했죠?"

도킨스 : "가여운 아이라고 보지 말라는 겁니다. 그 아이는 전

생에 아주 끔찍한 짓을 저질러서 그렇게 된 거라나요?[1] 결국 윤회설 때문에 지금 그 아이의 상태를 정당화하게 된 것이죠! 그게 말이 됩니까? 도대체 윤회사상은 누가 만든 것이죠?"

불교 · 힌두교 짱 : "불교의 윤회사상은 힌두교에서 왔죠. 그리고 윤회사상은 아마도 크샤트리아 계급이 만들었을 것이라고 추측들을 합니다.[2] 전체적으로 힌두교의 기초적인 틀—〈베다 경전〉—은 인도 아리안 족이 인도 지역을 침입해 지배계층이 되면서 만들었죠. 기원전 1000년경이었죠. 그때 4성 계급도 만들어지고요. 그 사회의 지도자는 사제 계급 브라만이었죠. 〈우파니샤드〉 경전은 크샤트리아 계급 사상가들이 만들었다고 생각되고요.[3] 모두 지배계급들이었죠. 물론 하층 계급인 수드라 노예 계급이나 4성 계급에도 못 드는 불가촉 천민은 그런 종교 경전을 만드는 데에 전혀 참여할 수 없었죠!"

도킨스 : "아니, 결국 윤회사상은 고대 지배계급이 만든 거란 말입니까? 그러니 그런 걸 만들었죠! 너희가 우리 노예가 된 것은 당할 만한 것이다. 우리는 전생에 선행을 많이 해 지금 왕, 귀족이 되었고 너희는 전생에 워낙 못되게 굴어서 벌 받아 이렇게 노예 신세가 되었다. 그러니 고분고분 말 잘 들어

야 한다. 그거 아닙니까?"

불교 · 힌두교 짱 : "사실 힌두교 경전 중 하나인 〈리그 베다〉에 보면 천지 창조가 이뤄질 때 최초 인류의 원형인 푸루샤 이야기에서 인도의 4계급을 정당화합니다. 그래서 푸루샤의 입이 '브라만' 이었고, 그의 두 팔은 '전사' 가 되고, 두 넓적다리는 '상인과 농민' 이고, 그의 발에서 '노예' 가 나왔다고 하죠(X. 90. 12). 4성 계급을 종교적으로 정당화하죠.[4] 그리고 각 계급의 할 일도 정해 줍니다. 그중 노예 계급의 역할은 위의 세 계급에 봉사하는 것이라고 합니다(마누 법전 1장 87-91). 노예 계급은 이름도 노예처럼 혐오스럽게 지으라고 하고요(마누 법전 2장 31-32).

그리고 그러한 탄생은 모두 윤회설에 의해 전생에 지은 선행과 악행에 따라 결정된다고 합니다. 그래서 결국 브라만으로 태어나 특권을 누리는 것도, 수드라 노예로 태어나 고통을 받는 것도 모두 받을 것을 받는 것이라고 설명합니다. 그래서 계급제도가 더욱 든든히 설 수 있게 하죠.[5] 브라만이 제일 대접받는 종교라고 할 수 있습니다. 그래서 가장 상층 계급인 브라만 족을 죽이면 제일 무서운 벌을 받는데, 바로 개, 돼지, 불가촉천민이 된다는 주장과 같은 거죠! (마누법전 12.81, 12. 53-56).[6]

사실, 바가바드 기타에 나오는 해탈의 방법 중 하나인 사회적 의무를 다하는 길이 행위의 길이었죠. 그건 각각의 카스트 계급에 속한 의무를 충실히 하는 것도 포함하죠. 즉, 각자 사제, 왕, 귀족이면 그 계급 의무를 잘 이행하고 평민, 노예도 각자 자기 계급 의무를 잘 이행해야 해탈한다는 것이죠! 그건 특히 〈마누 법전〉에 자세히 기록되어 있고요.[7)]"

도킨스 : "한마디로 태초에 계급이 있었다는 거군요! 말도 안 돼요! 도대체 인도에는 언제 계급제도가 생겨났죠?"

불교 · 힌두교 짱 : "기원전 1000년경 인도 아리아인들이 동쪽으로 이동, 정복하면서 생겼죠."[8)]

도킨스 : "그럼 벌써 시작부터 문제가 생기네요! 태초에 계급이 있었다가 아니라 기원전 1000년경부터 계급제도가 생겼다고 말해야 하니까! 사기예요, 사기!"

불교 · 힌두교 짱 : "그래서 불교는 더 좋은 쪽으로 바꿉니다. 부처께서는 가령 출가하면 4성 계급제도에서 벗어난다고 말씀하시기도 했죠!(〈증지부경전〉 8:9 파하라다. 한역동본, 〈증일아함경〉 42:4 수륜)[9)]" 스님들은 계급제도의 속박을 벗는 거죠. 그리고 타고난 계급이나 직업 때문에 업이 나빠지지 않는다고 가르치셨죠! 힌두교에서는 하층계급은 그 맡은 직업 자체가 더럽고 천하기 때문에 단지 그것 때문에 업이 나빠진다고 가르치거든요! 그러나 불교는 윤리적인 행위로만 업을 좋게 또는 나쁘게 만들 수 있다고 하죠. 계급 질서를 충실히 지킨다고 업이 좋아지지 않게 된 거죠. 또 무아설, 즉 내가 없다는 설을 가르치면서 윤회설을 약화시키셨죠. 윤회설 자체가 전생에 지은 죄나 선행 때문에 그 계급 가문에 태어났다고 말하기 때문에 계급제도를 지지하죠. 부처는 반대로 만물이 모두 계속 변화하는 것처럼 나도 계속 변하는 것임을 가르치셨죠. 나의 실체가 없다는 겁니다. 그렇게 전생의 나와 현생,

내생의 내가 동일하다는 것을 부인하신 거죠. 따라서 윤회설 자체가 무의미해질 수밖에 없죠. 전생의 내가 지금의 내가 아니니까요."[10]

도킨스 : "하지만 윤회사상의 원죄를 가지고 있죠. 다시 말해 아무리 벗어나려 해도 윤회를 믿는 이상 지금 체제를 수동적으로 받아들여야 하죠. 그냥 전생의 죄 때문에 이 모양이라고 한숨만 쉬면서 말입니다. 아니면 산에서 도만 닦으며 해탈하기만을 바라야 하고요. 도피하는 것이죠. 그런 믿음으로 우리가 사는 곳을 조금이라도 더 살기 좋은 곳으로 만들 수 있을까요?"

불교 · 힌두교 짱 : "그건 윤회에 대한 믿음이 없기 때문에 그렇게 보이는 것이죠!"

도킨스 : "기독교도 마찬가지 아닙니까? 종교는 항상 권력자의 편이었죠. 17-18세기 때 왕권은 신이 준 것이라며 유럽 각국이 주장했다죠. 힌두교와 불교에서 윤회사상으로 특권층을 정당화하는 것과 뭐가 다르죠?"

기독교 짱 : "그건 후세 사람들이 만들어낸 이론이죠. 성경 자체로 들어가 보면 오히려 그 반대입니다. 지배계급을 위해

쓰여지지 않았죠. 예를 들어 볼까요? 성경은 사람들 중 하나가 왕이 되는 것을 반대합니다. 처음 왕 제도가 생겨난 것은 인간들의 무지와 불신앙 때문이라고 하죠. 사무엘상 8장에 잘 나와 있습니다. 이스라엘 사람들이 '우리도 다른 나라처럼 왕을 세우기를 원한다' 고 당시 선지자 사무엘에게 말하죠. 그러자 하나님은 '이들이 나를 버려 그들의 왕이 되지 못하게 한다' 고 하십니다. 그리고 왕 제도가 뭐가 좋냐고 하시죠. 너희들의 아들 딸들을 맘대로 데려가 일을 시킬 것이고, 자기 신하들에게만 제일 좋은 옷과 먹을 것을 줄 것이다. 너희들은 그의 종이 될 것이다. 다시 말해 계급제도가 생겨날 거란 말이죠. 왕-귀족-일반 백성-종 하는 식의, 끝내는 후회할 것이라고 말씀하시죠! 하지만 사람들은 고집을 부리며 왕을 기어이 세워야겠다고 합니다. 그래서 할 수 없이 세운 제도가 왕 제도라고 나옵니다. 신이 만들어서 꼭 지켜야 하는 것이 아니라 인간의 어리석음 때문에 만들어진 것이 왕-계급제도라는 것이죠. 민주주의 제도가 기독교 문화권에서 가장 먼저 꽃을 피운 것은 우연이 아니죠."

도킨스 : "좋아요! 하지만 기독교도 윤회와 비슷한 걸 주장하지 않습니까? 예컨대 선을 많이 행해야 이 땅에서 복 받고, 악을 행하면 저주받고 등등. 그건 결국 윤회사상처럼 기득권을 정당화하는 것 아닌가요? 우리가 이렇게 잘사는 것은 선을 많이 행해서 그렇다고 말하면서……."

기독교 짱 : "물론 그런 내용도 있죠. 하지만 그게 전부는 아닙니다. 이 땅에서 받는 고통이 반드시 개인의 죄 때문이라고 하지는 않죠! 구약의 욥기는 그 주제를 잘 다루고 있습니다. 욥이라는 사람이 이 땅에서 가장 의로운 사람이어서 엄청난 축복을 많이 받았다고 합니다. 말도 많고 소도 많고 자식들도 많고. 그런데 하루아침에 다 없어집니다. 재산도 자식들도 없어지고, 나중엔 온몸에 악창이 나서 괴로워하는데 그 아내마저 떠나죠! 하지만 그의 고통을 그의 죄 때문이라고 하지 않습니다. 오히려 욥은 욥기 23장 10절에서 '그가 나를 단련하신 후에는 내가 정금같이 나오리라' 는 신앙고백을 합니다. 고난을 통해 더 깨끗한 양심과 삶의 통찰을 얻으리라는 것이죠."

도킨스 : "고통을 통해 더 깨끗한 양심과 더 깊은 삶의 통찰을 얻는다고요?"

기독교 짱 : "고통을 통해 똑같은 고통을 겪는 사람을 더 깊이 공감하고 이해하게 되죠. 그리고 고통을 참으면서 분노와 악이 안에서 밀려 올라오는 것을 느끼면 내가 누구인지도 깨닫고요. 사람들이 나를 보며 지치고 포기하는 것을 보면서 인간이 어떤 것인지도 깨닫습니다."

■ 참고문헌

1) 리처드 도킨스, 만들어진 신(서울: 김영사, 2007), 378 각주.
2) 스가누마 아키라, 힌두교(서울: 여래, 2003), 126.
3) 위의 책, 36, 38-39, 41.
4) 정세근, 윤회와 반윤회(충북: 개신, 2009), 27-28.
5) 위의 책, 42-43.
6) 힌두교, 125.
7) 위의 책, 141-142.
8) 위의 책, 32, 38.
9) 마스타니 후미오, 불교개론(서울: 현암사, 2009), 59-60.
10) 윤회와 반윤회, 42-45, 49-50.

5. 이슬람의 폭력? 기독교의 폭력?

무신론 과학자 도킨스는 이슬람을 대표하는 이슬람 짱과 기독교를 대표하는 기독교 짱과 대화한다. 미주를 붙인 곳은 실제 도킨스나 종교학자들의 주장을 바탕으로 썼다.

도킨스 : "어떻게 그렇게 폭력적인 종교를 믿을 수 있는지 모르겠군요! 물론 대개 종교는 폭력을 많이 낳죠. 그중에서도 이슬람은 대표 격 아닙니까? 세계 여기저기서 터지는 테러 사건을 보면 모르시겠어요?"

이슬람 짱 : "테러를 옹호하는 것은 아닙니다. 하지만 극단주의가 이슬람 주류 세력이 되는 데 서구 제국주의 역사가 큰 역할을 했죠. 알카에다의 전사가 되려는 사람들 모두 유럽 식민지 지배라는 길고 부끄러운 역사를 갖고 있습니다. 그리고 지금은 자기네 나라 지배층이라는 사람들이 국가 자원을 서구 세계에 저당 잡히고 자기와 자기 가족만 배불리는 꼴에 분노를 터뜨리면서 극단적인 선택을 하게 되고요. 이란에서 1953년 CIA 후원을 받는 쿠데타 세력이 군주제를 부활시키고 독재를 하자 1979년 호메이니의 이란 혁명이 납니다! 그 전에는 선거를 통해서 정권을 바꾸는 것이 관례였죠. 정부가 종교의 지배를 받아야 하고 무장 봉기로 정권을 빼앗아야 한다는 교리 해석이 이때 처음 나오죠. 해도 해도 안되니 극단 이슬람이 대안 세력이 된 거죠. 이스라엘이 팔레스타인을 점령하면서 국제법을 계속 무시하는 것을 서구가 눈감아 준다든지, 이집트에서는 미국 지원하에 무바라크 정권이 불법 선거를 자행한다든지, 미국이 지원하는 사우디나 파키스탄의 무자비한 정권들에 대한 분노랄지……모두 이슬람 극단주의자를 키우고 온건파 이슬람을 코너에 몰리게 하죠![1] 찰스 디킨스의 소설 《올리버 트위스트》에 보면 '교묘한 미꾸라지'라는 별명을 가진 소매치기가 잡혀 법원 피고석에 끌려가면서 이렇게 외치죠. '여긴 정의를 다루는 데가 아니잖아!'[2] 속세의 불의에 저항하기 위해서 신에게 매달리는 꼴입니다!

충분히 속세가 정의롭다면 그런 극단주의자들이 나올 수 없죠.[3)] 구석에 몰린 쥐는 고양이를 무는 법이라고요. 테러의 진정한 해결책은 정의입니다. 폭력은 폭력을 낳을 뿐이죠.”

도킨스 : “하지만 그건 국제정세와만 관련이 있는 것은 아니에요! 코란에도 나오니까요! 아! 그런데 어느 TV 프로그램을 보니 코란의 평화적인 구절을 들려주며 마치 이슬람은 평화적인 종교인 척하더군요. 하지만 그건 한쪽만 보여 주는 것이죠. 코란에는 평화적인 구절과 폭력적인 구절이 뒤섞여 있으니까요. 그래서 ‘종교에는 강요가 없다’ (코란 2:256), ‘성서의 백성들(유대인과 기독교인)과 논쟁하지 말고 좋은 방법으로 인도하라’ (코란 29:46) 등과 같은 평화적인 구절들이 있긴 하죠. 하지만 그와 정반대되는 전쟁을 조장하는 구절들도 있고요. 예를 들면 ‘온 세상이 알라의 것이 될 때까지 성스런 전쟁(지하드)을 하라’ (코란 8:39), ‘너희들이 얼마나 잔인한지 알도록 불신자와 싸워라’ (코란 9:123) 등과 같은 구절들 말입니다. 그래서 이슬람교 신학자들이 생각해낸 것이 만수크 교리죠! 나중에 받은 계시가 이전에 받은 계시를 폐기하고 대체한다는 것이 그것이죠. 그렇게 해석하라고 코란에도 분명히 쓰여 있고요(2:106, 16:101). 그런데 평화적 구절들과 폭력적 구절들 중 어떤 것이 나중에 받았다는 계시인지는 알고 계시겠죠?”

이슬람 짱 : "알고 있습니다!"

도킨스 : "바로 폭력적 구절들이 더 나중에 받았다는 계시들이죠! 가장 마지막에 받았다는 계시가 9장입니다. 코란의 다른 장들은 모두 '자비롭고 자애로운 알라의 이름으로' 라는 구절로 시작되는데 9장은 그렇지 않죠! '지금껏 불신자와 맺은 모든 평화 조약은 취소한다' 로 시작하죠! 그리고 그 9장에 바로 그 유명한 '칼의 구절' 이라 불리는 코란 9장 5절이 있죠. '이슬람교로 개종하지 않는 모든 불신자는 살해하고 포위하라' (코란 9:5)는 구절이 그것입니다![4] 이런 폭력성은 아

직도 그대로 남아 있죠! 예전에 어떤 덴마크 만화가의 만화 때문에 이슬람 권에서 큰 시위가 여기저기서 벌어졌었죠! 자신들의 종교를 모욕했다고 하면서……. 그때 내건 표어들이 '이슬람 모욕자들을 죽여라', '이슬람을 조롱한 자들을 토막내자' 등과 같은 끔찍한 구호들이었죠! 그중 가장 걸작은 '이슬람을 폭력적인 종교라고 하는 자들을 참수시키자' 란 구호였죠. 희극 같은 비극이랄까![5)]"

이슬람 짱 : "코란에 나온다고 반드시 따를 필요는 없죠! 어떤

구절은 고대 시대에 맞춰져 나온 것이니까요. 고대는 전쟁의 시대 아니었습니까? 우리 시대에 맞지 않을 수도 있습니다."

도킨스 : "글쎄요, 그럼 코란이 영원한 신의 말씀이라는 것을 부인하는 꼴이 되겠죠! 게다가 그 시대에 맞춰 나왔다는 것이 도대체 어떤 뜻입니까? 신이 그 시대 사람들이 지킬 수 있을 수준에 맞췄다는 겁니까, 아니면 마호메트가 자신의 정치적 · 군사적 상황에 맞췄다는 겁니까? 저는 후자 같은데요. 평화적 계시들이 메카에서 받은 것인데 폭력적 계시들은 후에 메디나에서 받은 것이죠. 그런데 메카에서는 이슬람이 힘이 없는 소수의 무리였죠. 그래서 박해를 피해 메디나로 갔는데 거기서 마호메트가 정치권력, 군사력을 얻습니다. 그것이 우연의 일치일까요? 폭력을 행사할 수 있는 힘이 없을 때는 평화적으로 살라는 계시를 받았다가, 힘을 갖게 된 후에 폭력을 적극적으로 사용하라는 계시를 받았다! 뭔가 우연의 일치치고는 절묘하지 않나요?[6]"

이슬람 짱 : "의심하려 들면 끝이 없죠!"

도킨스 : "이슬람만의 문제는 아니에요! 모든 종교의 문제죠! 종교는 비이성적인 믿음을 강조해요. 그래서 그 끝이 항상 폭력으로 끝나죠! 기독교의 경우는 그 유명한 십자군전쟁이

있죠! 성지를 탈환한다면서 전 유럽이 들고 일어났었죠. 그리고 이슬람 지역이었던 예루살렘을 뺏으려고 했던 십자군 전쟁! 1095년부터 무려 200년간 몇 번에 걸쳐 그곳을 피바다로 만든 사건! 그런데 어떻게 기독교를 그리고 더 나아가 종

교를 믿을 수 있다는 겁니까?"

기독교 짱 : "교회 다닌다고 다 기독교인은 아닙니다. 그건 성경에도 나오죠. 믿음에 걸맞은 행동이 따라야 참된 믿음이라고 하죠(약 2:14). 다시 말해 십자군전쟁을 하면서 반기독교적 행동을 일삼던 사람들은 기독교인이 아니라는 겁니다. 그리고 예수께서는 마지막 심판 날에 대해 이렇게 말씀하셨죠! 너희 주위에서 가장 약한 자들에게 하지 않은 것이 나에게 하지 않은 것이라고. 그리고 그런 자는 기독교를 믿는다 해

도 천국에 들어갈 수 없다고요(마 25장)."

도킨스 : "성경에서 뭐라든 종교가 아예 없었다면 인류는 더 평화롭게 살았을 겁니다. 도대체 더 나은 세상을 위해 한 일이 뭐가 있습니까?"

기독교 짱 : "그럼요! 있죠! 벌써 신약성경이 쓰여지던 1세기 때 그런 일이 일어났죠! 예루살렘 교회의 가난한 사람들을 돕기 위해 사도 바울은 비유대인 교회들에게서 모금을 하죠! 인류 역사상 이렇게 피 한 방울 섞이지 않은 외국인을 도왔던 적이 있었나요? 서로 억압하고 짓누르던 제국과 식민지 관계는 많았지만 말입니다."

■ 참고문헌

1) 테리 이글턴(Terry Eagleton), 신을 옹호하다(모멘토, 2010), 134-135, 137-138.
2) 위의 책, 140.
3) 위의 책, 142.
4) 리처드 도킨스, 만들어진 신(서울: 김영사, 2007), 469; 로버트 스펜서, 정치적으로 왜곡된 이슬람 엿보기, (고양시: 인간사랑, 2009), 44-52; 이슬람교 연구위원회, 이슬람 바로 알기(서울: 대한예수교장로회총회, 2009), 25-29, 41.
5) 만들어진 신, 44.
6) 이슬람 바로 알기, 19-20.

6. 이슬람, 여권을 높였는가, 낮췄는가?

무신론 과학자 도킨스는 이슬람을 대표하는 이슬람 짱과 대화한다. 미주를 붙인 곳은 실제 도킨스나 다른 종교, 이슬람 학자들의 주장을 바탕으로 썼다.

도킨스 : "아마 제가 제일 싫어하는 종교는 이슬람일 겁니다. 그중 성차별은 제가 제일 싫어하죠! 한 남성이 아내를 4명이나 둘 수 있다는 계시(코란 4:3)를 어떻게 생각하세요? 자기가 남자니까 그런 계시를 받았다고 꾸며낸 것 아닌가요?"

이슬람 짱 : "물론 그런 구절이 코란에 있죠. 하지만 '그건 그 아내들을 공평히 대할 수 있을 때' 라는 단서가 붙는다고요!(코란 4:3) 그리고 당시는
이슬람 전투 중 많은 남성이 전사해 과부가 많아진 상황에서 그들을 구제하기 위한 복지 문제와도 관련되어 있었구요! 사실 이슬람이 등장하기 전 아랍 세계에서 여성은 단지 재산의 일부로만 여겨졌죠. 이슬람이 그걸 바꿔 놓은 사실은 왜 빼먹는지 모르겠군요! 그래서 싫다는데 여자를 재산처럼 상속하면 안되다고 하죠(코란 4:19). 심지어는 산 채로 매장시켜 죽일 수도 있었던 악습들을 폐지시켰다고요![1] 게다가 그 옛날 시대에는 어느 문화권에나 일부다처가 기본이었지 않습니까? 그나마 4명으로 아내 숫자를 제한한 것은 그 당시 상황에서 본다면 도덕적 발전이라 할 수 있습니다. 그전에는

그런 제한마저 없었으니까요."

도킨스 : "이슬람을 통해서 아랍 세계의 윤리적 기준이 높아졌다? 좋아요! 그런데 왜 그 신은 마호메트에게 와서는 그렇게 마음이 약해지나요? 왜 그의 도덕적 기준이 흔들리는 거죠? 그도 똑같은 사람인데 말이에요. 그건 코란에도 분명히 쓰여 있죠! 그는 단지 인간이라고!(코란 18:110) 특히나 여자 문제에 있어서는 그에게 너무 많은 특권을 주죠! 다른 사람은 4명까지 아내를 둘 수 있다고 계시를 받았다는데 본인은 13명의 아내와 결혼했죠. 그리고 본인은 그래도 괜찮다는 계시를 또 받았다고 하죠!(코란 33:50) 그가 성적으로 마음대로 이용할 수 있었던 여자 노예 23명은 아내로 치지도 않았고요! 그의 가장 충성스런 추종자 중 하나였던 아부 바르크는 아홉살짜리 딸아이가 있었죠! 그 아이 이름이 아이샤였는데 이런 어린 아이와도 결혼했죠! 결혼이라기보다는 성적 약탈 아닌가요? 심지어는 자신의 양자의 아내였던 자이나브라는 여성과도요! 이슬람 율법에서 며느리 빼앗아 아내 삼는 짓 같은 것 하지 말라고 했는데도! 그래서 사실 마호메트 본인은 원래 결혼하지 않으려고 했다고 하죠. 그런데 아뿔사! 그 높으신 신께서 왜 그녀와 결혼하지 않느냐고 혼내셨다나?(코란 33:37-38) 그 높으신 신의 명을 받아 눈물을 머금고 양자와의 의리를 깨고 할 수 없이 결혼했다고 하죠![2] 그런 걸 신에게서 계

시를 받았다고 어떻게 믿을 수 있죠? 그 모든 계시라는 게 마호메트가 자신의 쾌락을 위해 조작한 거라는 생각은 전혀 안 드나요? 그게 아니라면 그 신은 자신이 정한 법과 규칙을 자기가 총애하는 자에게는 적용시키지 않는 거죠! 그건 전제군주, 폭군이죠! 그런 존재를 어떻게 믿을 수 있죠?"

Pera M..uzesi가 찍은 사진(Wikimedia Commons에서)

이슬람 짱 : "그건 신께서 정하시는 일입니다. 우리가 감히 이렇다 저렇다 할 일이 아니죠"

도킨스 : "결국 가장 의심스러운 것은 이 종교로 마호메트가 왕같이 되었다는 것이죠! 그럼 이게 종교 맞나요? 누군가가 자신의 이익을 위해 만들어낸 거짓말이라는 생각이 들지 않

나요? 이 종교를 퍼뜨리는 것을 자기 호주머니와 여자들을 늘리는 데 썼을 뿐이라는 생각이 들지 않나요?

이슬람 짱 : "그분은 신의 선택을 받은 선지자입니다. 함부로 얘기해서는 안됩니다."

■ 참고문헌

1) 이희수, 이원삼 외, 이슬람(파주: 청아, 2007), 132-133.
2) 마크 가브리엘, 예수와 무함마드(서울: 지식과사랑사, 2009), 234-237, 240-241.

7. 기독교는 양극화를 해결할 수 있을까?/ 기독교권에서만 노예제가 없어졌던 이유

도킨스 : "종교가 세상을 위해 무슨 좋은 일을 할 수 있죠? 예를 들어 요즘 화두가 되는 양극화 같은 문제를 해결할 수 있을까요?"

기독교 짱 : "기독교는 분명히 할 수 있습니다. 비슷한 문제를 해결한 예들이 있으니까요. 양극화, 빈부격차가 더더욱 심해지면 노예제가 되겠죠? 그런데 기독교 문화권에서 제일 먼저 노예제를 폐지했죠!"

도킨스 : "노예제 폐지라뇨? 유럽이나 미국에서 근대 제국주의 시대에 흑인 노예들을 제일 많이 쓰지 않았나요?"

기독교 짱 : "하지만 그때 양심의 소리를 냈던 참된 기독교인들이 있었죠. 대표적으로 영국의 하원의원 윌리엄 윌버포스(1759-1833) 같은 사람! 40년 넘게 노예제 폐지 법안을 위해 인생을 걸죠. 그리고 결국 그 제도는 사라지게 됩니다. 그는 당시 기득권 층에 속해 있던 사람이었지만 모든 것을 과감히 버리죠. 그때 노예 해방을 위해서는 노예 주인들에게 값을 지불해야 했는데 그 비용이 무려 당시 영국의 1년 예산 절반에 달했다고 하죠. 설탕 같은 노예 노동으로 키우던 작물의 가격이 폭등할 것은 불을 보듯 뻔했구요. 그래서 반대파 사람들은 그러다 영국 망한다, 국제 경쟁에서 도태된다, 경제적 대학살을 하려 한다는 등 온갖 비난을 퍼부었다고 합니다.[1] 하지만 우리는 그 후에 역사가 어떻게 진행되었는지 압니다. 영국은 그런다고 망하지 않았습니다. 오히려 다른 민족들과 다르게 걸어간 그 발자취 때문에 박수를 받죠. 다른 유럽 제국도 모두 이 영국의 발자취를 따라 걷게 되고요. 노예 제도는 모든 문명권－동양, 인디언, 이슬람, 아프리카 등－에 다 있었죠! 하지만 기독교 문명권 밖에서는 그렇게 그 제도를 없애려는 시도조차 없었습니다.[2]"

월리엄 윌버포스

도킨스 : "하지만 또 그렇게 생각하기에는 너무 늦게서야 된 것 아닙니까? 기독교는 1세기 때 만들어졌는데 19세기가 되어서야 그렇게 노예제가 완전히 폐지되었으니…….[3)]"

기독교 짱 : "그렇게 늦게 된 게 아닙니다. 이미 7세기에 오면 성 바틸데(Saint Bathilde, Clovis 2세 왕의 아내)가 노예제 폐지 운동을 벌인 기록이 있죠! 사실상 유럽의 중세 시대에 오면 노예제는 사라진 거나 다름 없었죠! 단지 동쪽과 남쪽에 이슬람과의 국경 지대에서 서로를 잡아 노예로 삼는 보복 행위가 있긴 했지만요.(잘한 건 아니었죠!) 근대에 와서 제국주의로 유럽이 돌아서면서 노예제가 오히려 부활한 것이었죠. 식민 민족들을 노예로 삼으면서요. 하지만 그때도 교회는 노예제를 비난했습니다. 가톨릭 교회 교황들은 반대 칙서를 내곤 했죠. 하지만 그때는 이미 교회가 그렇게 발언권이 강하지

않았어요. 모든 걸 왕권이 장악하고 더 세속화되었었으니까요.[4]"

도킨스 : "잘 모르겠군요! 노예제 폐지가 성경에서 나온 것인지? 구약성경에는 노예를 대하는 법들이 있지 않습니까?"

기독교 짱 : "맞습니다! 하지만 예레미야 31장 31절에 보면 신과 맺을 새 언약의 시대를 말씀하고 있죠. 구약은 옛 언약이고 신약이 새 언약이죠. 우리는 새 언약의 시대에 살고 있고요. 그래서 신약에 뭐라고 쓰여 있는지를 보아야 합니다."

도킨스 : "하지만 신약에서 노예제를 없애라는 말이 있었나요? 제가 알기로는 그런 말은 없던 걸로 기억하는데."

기독교 짱 : "사실 신약에서 예수님은 직접적으로 노예제를 없애자고 말씀하시지는 않았습니다. 하지만 우리는 그것을 유추해 낼 수 있습니다. 우리에게 주신 이성으로! 그런 일을 전문적으로 신학자들이 하죠. 그래서 중세 유럽의 대표적인 신학자인 13세기 토머스 아퀴나스는 노예 제도를 죄라고 정의하죠.[5]"

도킨스 : "성경 어디에서 그것을 유추할 수 있죠?"

기독교 짱 : "예를 들어 사도 바울이 갈라디아의 교회에 쓴 편지인 갈라디아서 3장 28절에 보면 '예수 안에서 유대인이나 그리스인이나 노예나 자유인이나 남자나 여자나 다 하나' 라고 말합니다. 모든 인간의 평등을 말하죠! 그리고 예수께서 잡히셔서 십자가에 못 박히시기 전날 밤에 제자들의 발을 씻기는 장면이 나옵니다(요 13:1-17). 현재 우리에겐 그냥 발을 씻기나 하겠지만 당시 발을 씻기는 행위는 노예나 하는 일이었거든요.[6] 그런데 예수께서는 이렇게 제자들의 발을 씻기신 후에 '너희들도 서로를 이렇게 섬기며 살라' 고 하십니다. 그건 서로에게 자신을 노예처럼 낮추라는 뜻이죠! 그리고 서로에게 모두가 노예라면 노예는 존재하지 않습니다! 그러니 분명히 보이지 않습니까? 노예제 폐지의 비전이……."

도킨스 : "하지만 분명히 없애야 한다고는 안 했죠! 그리고 다른 데 보면 오히려 기독교인 노예들은 주인에게 복종하라는 구절까지 있죠(엡 6:5; 골 3:22-25). 그건 해방이라기보다는 원래의 잘못된 질서를 유지시키는 것으로 보이던데요?"

기독교 짱 : "거기서 주인들은 모두 비기독교인들을 말하죠. 그러니 당연히 그들은 새로운 기독교의 질서를 따라 사는 사람들이 아니었죠. 그래서 잘못하면 기독교의 자유와 해방의 메시지는 반란과 폭동의 메시지로 오해되기 쉬웠죠. 그래서 하

는 말입니다. 폭력적인 방식으로 새 질서를 세우려 하지 말라는 거죠."

도킨스 : "저한테는 모두 생존을 위한 전략이었던 것으로 보이는군요. 처음 시작할 때 기독교는 약자들의 모임이었으니까. 다 생존을 위한 몸부림이죠. 진화의 법칙을 무의식 중에 따르는 것뿐이라고요!"

기독교 짱 : "강한 것이 약한 것을 죽여야 한다는 약육강식, 적자생존의 진화법칙이 그걸 만들었다고요? 글쎄요! 수긍이 잘 가지 않는군요. 이건 어떤가요? 기독교가 만들었고 진화론으론 도저히 설명할 수 없는 이 제도!"

도킨스 : "그게 뭐죠?"

기독교 짱 : "국제법이죠. 모든 민족, 국가의 평화적 공존을 추구하는 국제법! 국제법의 아버지라 불리고, '국제법' 이라는 용어를 처음 만든 사람이 비토리아(Francisco de Vitoria)입니다.

그는 가톨릭 교회의 신부셨죠! 스페인 제국주의 시절 원주민 착취를 비판하면서 성경을 기초로 국제법의 기초를 만들게 되었습니다.[7] 강제성은 없지만 현재 UN에 소속된 대부분의 문명국은 이 국제법을 도덕성의 기준으로 따릅니다. 놀랍지 않나요? 강자에 속했던 어떤 서양인이 그런 걸 만들다니! 왜 그런 걸 만들었을까요? 약자도 아닌데. 자기 생존과 번영에 오히려 거추장스러울 수도 있는데……. 이건 진화의 법칙을 거스르는 게 아닌가요"

도킨스 : "하지만 이 모든 것이 기독교권에서 일어났다는 것은 역사의 우연일지도 몰라요! 다른 이슬람 문화권이나 불교 · 힌두교 문화권에서 일어났을지도 모르죠!"

기독교 짱 : "그렇게 보기는 어려울 걸요? 먼저 불교 · 힌두교 문화권은 기존 체제를 바꾸는 것을 할 수가 없죠! 윤회사상 때문에 자신도 모르게 현재 이 상태는 각 개인이 전생에 선악을 행했던 것들의 결과라고 믿으니까요! 다시 말해 노예로 태어난 것은 전생에 엄청나게 무서운 죄를 지은 결과라고 받

아들이죠. 왕이나 귀족으로 태어난 것은 전생에 큰 선을 행해서 그렇다고 받아들이는 숙명주의죠."

도킨스 : "이슬람권은요?"

기독교 짱 : "이슬람권은 그보다는 나을 수 있죠. 왜냐하면 마호메트가 노예들을 잘 대해 줄 것을 명령했거든요. 그래서 소녀 노예에게 매춘을 강요하지 말 것이며(코란 24:33), 살인에 대한 죄는 노예를 해방시킴으로 보상받을 수 있다고도 했죠(코란 4:91). 본인이 노예 몇을 풀어 주기도 하고요. 하지만 결정적으로 노예 제도가 사라질 수는 없었죠. 아무리 그래도 결국 마호메트 자신이 노예를 가지고 있었던 노예 주인이었으니까요.[8]"

■ 참고문헌

1) Rodney Stark, For the Glory of God(Princeton: Princeton University Press, 2003), 349-351.
2) 위의 책, 293-305.
3) 만들어진 신, 400.
4) For the Glory of God, 329-333.
5) 위의 책, 329, 345.
6) Bruce J. Malina and Richard L. Rohrbaugh, Social-Science Commentary On the Gospel of John(Minneapolis: Fortress Press, 1998), 219-220.
7) 토머스 E. 우즈 주니어(Thomas E. Woods Jr.), 가톨릭 교회는 어떻게 서양 문명을 세웠나?(How the Catholic Church Built Western Civilization)(서울: 우물이있는집, 2008), 188-189.
8) For the Glory of God, 338.

8. 성경은 자연을 파괴했는가?

픽션이지만 미주가 붙혀진 곳은 실제 그 책, 논문을 기초로 쓴 것이다.

도킨스 : “제가 기독교를 싫어하는 또 다른 이유가 있죠. 바로 자연 환경을 파괴하게 만들기 때문이죠. 신은 인간에게 명령을 내렸다죠. 생육하고 번성하고 자연을 정복하고 다스리라!(창 1:28) 환경 파괴의 사상적 주범이 기독교라는 증거 아닙니까?”

기독교 짱 : "요즘 환경 문제를 다루면서 꼭 나오는 주제죠! 이런 주장을 하는 사람들이 있죠. '서양은 기독교 문화를 갖고 있다. 그런데 그 서양이 환경 문제를 일으킨 주범이다. 그리고 그들의 자연 파괴 뒤에는 이런 기독교 신앙이 도사리고 있다. '자연은 신이 인간에게 준 소유물' 이라는 신앙! 〔생태계 파괴의 사상적 주범을 기독교로 지목한 가장 유명한 논문으로 Lynn White Jr, "THe Historical Roots of Our Ecological Crisis", Science 155(1967)가 있다.〕"

도킨스 : "옳은 말 아닙니까?"

기독교 짱 : "역사를 모르고 하는 말입니다. 오히려 기독교는 자연의 공포에서 인간을 해방시켰죠. 그전엔 자연을 두려워

하고 숭배하고 살았는데 말입니다. 정령 숭배 같은 거죠. 모든 자연물에 정령이 있다는 믿음. 그래서 함부로 자연을 개발하면 저주를 받는다는 공포, 두려움.

제가 한국에서 대학 다닐 때 한 교수님이 해 주신 얘기가 생각나네요. 그분 어려서 시골 살 때 얼마나 많은 사람들이 자연을 두려워하며 살았는지……모든 곳에 귀신이 있다고 믿으며 벌벌 떨며 살았다고 하죠! 그래서 날씨가 어둡거나 비가 오면 밖에 나가지 않으려고 하고, 이순신 장군의 전공을 기리기 위해 지은 세병관엔 처녀귀신이나 도깨비 나온다고 비 오면 피해 다니고, 변소에 어린애 빠져 죽으면 변소 귀신이 노해 죽은 거였고, 빗자루가 밤이면 귀신으로 변한다고 무서워하고, 산엔 산신령, 큰 나무엔 목신, 물엔 수신이 있다고 믿고 그래서 제사 지내고, 출항 전엔 무속인을 불러 굿을 해 용왕님 달래고……그렇게 모든 자연물이 살아있고, 그 뒤에 까칠한 신들이 있다고 믿으며 벌벌 떨어야 하고……. 그런 분위기에서 자연은 오로지 두려움과 공포의 대상이었죠. 그것을 연구 개발한다는 건 꿈도 꾸지 못했습니다.

그런데 기독교는 오직 신은 한 분뿐이고 자연은 개발하라고 있는 것이라고 믿었죠. 그래서 자연을 연구하고 개발하게 된 것이구요. 세계에서 서양이 제일 먼저 깨이게 된 것은 우연이 아닙니다. 성경은 말씀합니다. '진리가 너희를 자유롭게 하리라' (요 8:32).[1)]"

도킨스 : "하지만 어쨌든 기독교 신앙이 자연을 파괴하게 하는 데 영향을 끼친 건 사실 아닙니까?

기독교 짱 : "신은 자연을 개발하고 다스리라고 했죠. 파괴하고 군림하라고 하시지 않았습니다. 폭군이 되라고 하시지 않았죠. 성경은 신도 자연을 소중히 여기신다고 하였으니까요(욘 4:11). 신이 사랑으로 우리와 자연을 다스리십니다. 우리도 자연을 그렇게 대해야 하는 게 당연하죠!"

도킨스 : "결국 환경 문제는 인간이 문제라는 건가요?"

기독교 짱 : "그렇죠! 오히려 신이 원하시는 것을 신경 쓰지 않아서 그렇게 된 거죠! 자연을 단지 착취의 대상으로만 보는 것 말입니다!"

도킨스 : "신이 원하시는 거요? 전 과학을 믿습니다. 신을 안 믿어요!"

기독교 짱 : "하지만 당신이 과학을 하게 만들어 준 게 기독교라면요?"

■ 참고문헌

1) 왜 서양 밖에서는 자연 개발이 어려웠는지를 설명하시면서 말씀하신 김균진 교수님 책에 쓰여 있는 본인의 어린 시절 이야기임. 김균진, 자연환경에 대한 기독교 신학의 이해 (서울: 연세대학교 출판부, 2006), 47.

9. 진화론의 윤리와 기독교의 윤리, 어느 것이 옳은가?

무신론 과학자 도킨스와 기독교 짱이 윤리에 대해 토론한다. 픽션이지만 미주를 붙인 곳은 도킨스나 다른 학자들의 의견을 기초로 쓴 것이다.

기독교 짱 : “저는 진화론이 윤리를 파괴하기 때문에 싫습니다.”

도킨스 : “무슨 말이죠? 진화론이 윤리를 파괴하다니?”

기독교 짱 : "결국 진화론은 환경에 적응하는 경쟁에서 승리한 것만이 살아남을 자격이 있다고 하죠. 적자생존 말입니다. 무제한 경쟁, 투쟁, 전쟁을 정당화하죠. 개개인은 미친 듯이 경쟁하고 싸우고 물고 뜯고 국가 간은 전쟁으로 갈 데까지 가게 하고. 그것이 자연스런 자연의 법칙이라니까. 그러다 1, 2차 세계대전까지 나오게 만들고 말았죠. 그리고 대량 인종 학살까지……. 예를 들어 볼까요? 히틀러는 젊었을 때 자신의 책 《나의 투쟁》(1925-1927)에 이렇게 썼죠!"

'자연이 약한 개인과 강한 개인들이 짝을 짓기 바라지 않는다면 우월한 인종이 열등한 인종과 섞이는 것은 더욱 원하지 않을 것이다. 그렇게 될 경우에는 진화론적으로 고등한 단계로 발전하려는 수십만 년에 걸친 자연의 모든 노력이 수포로 돌아갈 수 있기 때문이다.' 1)

히틀러는 후에 정권을 잡고 난 후 유대인 600만을 학살합니다. 진화론은 우월한 인간은 열등한 인간을 죽이는 것이 자연의 법칙이라고 주장하니까 아무 문제 없는 것이죠!"

도킨스 : "그건 진화론을 잘못 사용하는 겁니다. 저는 그렇게 주장하지 않습니다!"

기독교 짱 : "그럼 어떻게 주장합니까?"

도킨스 : "진화론의 관점에서 윤리란 모두 생존경쟁에서 살아남기 위한 또 다른 몸부림이라는 것이죠! 먼저 인간 몸의 유전자들이 자신을 다음 자손들에게 대물림하게 하기 위한 전략일 수 있죠! 그래서 자신과 가까운 유전자를 가진 친척들에게 먼저 호의를 베푸는 것이죠. 그래야 친족들이 살아남을 때 자신과 같거나 비슷한 유전자가 살아남으니까요! 아니면 내가 남을 도와야 그도 내가 어려울 때 나를 도울 것이니까. 서로가 등을 긁어 주어야 생존의 가능성이 더 높아지죠. 또 좋은 평판을 얻으면 자기가 생존하는 데 도움이 되겠죠. 다른 사람들이 그를 신뢰할 테니까. 특히나 인간은 언어 능력이 뛰어난 동물이니까 이 점이 중요하겠죠.

그래도 설명이 안 되면 아마도 진화법칙에서 벗어난 실수들 아닐까요. 개개비는 둥지에서 삐악거리는 작을 것들을 돌보고, 그들의 쫙 벌린 빨간 입에 먹이를 떨어뜨리라는 규칙을 따르죠! 그것은 그 규칙을 세운 개개비 새 안의 유전자 보존을 위한 것이었죠. 하지만 뻐꾸기는 자기 알을 그 둥지에 몰래 떨어뜨리죠. 그것을 모르는 개개비 어미새는 그래도 그

규칙을 맹목적으로 따르죠. 그래서 그 뻐꾸기 알, 새끼까지 정성 들여 키웁니다. 자기 새끼가 아닌데도 유전자가 세운 규칙을 따라…….[2)]"

기독교 짱 : "아니, 윤리가 실수일 뿐이라고요?"

도킨스 : "물론 다행스럽고 고귀한 실수라고 해야겠죠! 절대 멸시하는 뜻이 들어 있지는 않습니다![3)]"

기독교 짱 : "당신 말은 앞뒤가 맞지가 않아요! 어떻게 고귀한 실수가 있습니까? 실수는 실수일 뿐이죠! 결국 당신 말은 대개 윤리는 단지 생존에 도움이 되기 때문에 하는 전략이라는 거죠. 무의식적인 협상이나 자기 광고라는 겁니다. 이 점에

서 짐승과 인간은 별로 다를 것이 없고요! 하지만 생존과 상관없이 우리 몸이 윤리적으로 살도록 프로그램되어 있다면요?"

도킨스 : "그건 무슨 말이죠?"

기독교 짱 : "인간은 땅 위에서 살도록 만들어졌죠! 그것이 자연법칙입니다. 물고기가 아니니까 물 안에 오래 있으면 호흡에 문제가 생기고 죽죠. 건강하게 잘 살고 싶으면 자연법칙을 따라야 합니다. 그와 비슷하게 몸과 마음의 건강에 도움이 되려면 도덕법칙을 따라야 하죠. 행복 심리학자들의 실험이 그것을 보여 줍니다. 친절하라, 사랑하라, 자비를 베풀라는 흔히 듣게 되는 덕목들 중에 하나죠.

그와 관련된 실험을 했었습니다. 다섯 자원 봉사자의 67명 다발성 경화증 환자를 위한 자원봉사 실험이죠! 그들이 3년간 공감 경청 테크닉 훈련을 받고 한 달에 한 번 15분씩 전화해 수기를 했습니다. 그 결과 그들의 만족감, 자신이 유능하다는 느낌, 승리감이 더 올라갑니다. 그리고 우울증은 덜 겪고, 사회 활동에 더 활발하게 참여하며, 인내심도 늘고, 자존감도 강화되죠! 다른 환자들과 비교해 삶에 대한 만족도가 일곱 배나 증가합니다.[4)]

또 다른 예도 있죠. 이번엔 용서에 관한 실험입니다. 대인관계로 상처받은 65세 이상 여성들을 용서 집단과 토론 집단에 무작위 배치합니다. 그리고 8주 동안 한 집단은 용서를 연습하고, 다른 편은 토론을 시킵니다. 그리고 결과를 보니 용서 집단이 불안을 덜 느끼고 자존감이 더 높아졌습니다.[5)] 진화론은 이기적으로 사는 것이 자연의 법칙이라고 말하죠. 본인의 생존을 위해서만 다른 사람에게 친절하거나 그들을 도울 뿐이라는 것이죠. 하지만 실험 결과는 생존과 상관없이 우리 몸과 마음이 다른 사람을 사랑하고 그들을 돕도록 만들어졌다는 것을 보여줍니다. 그래야 건강하다는 것이죠. 신이 그렇게 우리를 만든 것 아니겠습니까? 그래서 오히려 생존에 도움이 안 되는 데에 우리 자신을 희생하기도 하죠. 기차 선로에 떨어진 사람을 몸을 던져 구하기도 하고……. 오히려 자신이 죽을 수도 있지만 말입니다. 무슨 대가를 바라는 것도 아니고 단지 그렇게 해야 한다는 느낌이 들죠. 그 모습을 보면서 고귀함을 느끼지 않는 사람은 없습니다. 이것이 성경이 말하는 우리 안에 만들어진 고귀한 '신의 형상'(창 1:27) 아니겠습니까?"

■ 참고문헌

1) Geisler and Turek, I Don't Have Enough Faith, 189에서 재인용.
2) 리처드 도킨스, 만들어진 신(서울 : 김영사, 2007), 325-336.
3) 위의 책.
4) 소냐 류보머스키 지음, 오혜경 옮김, How to Be Happy(서울 : 지식노마드, 2008), 242.
5) 위의 책, 300.

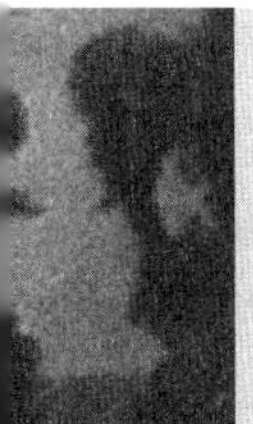

4부

성경의 예언은 들어맞았는가?

1. 오컬트와 성경의 공통점

2012년 4월 30일 서울 신촌 살인 사건은 우리를 놀라게 했다. 특히나 이 사건이 오컬트 문화와 관련이 있다는 것은 더욱 우리를 놀라게 한다. 살해당한 김씨는 자신의 여자 친구가 오컬트 카페에 들고 이상해지자 구출하려다 그 카페 회원들에게 살해당했다고 한다.

오컬트는 과학적으로 설명할 수 없는 요술, 주술, 예언, 악마 숭배들을 일컫는 말이다. 한국 영화 "여고괴담"에서도 분신사바

같은 것을 보게 된다. 어렸을 때 주위 친구들 중에도 그런 것을 하는 아이들이 있었다. 세상이 불안할수록 이런 데 빠지는 경우가 많아지는 것은 당연하다. 어떤 초자연적인 존재에게 도움을 받거나 미래를 미리 좀 알 수 있다면……. 누구나 바라는 것 아닌가?

우리는 항상 미래를 바라본다. 학생은 학교 졸업 후를 바라보며 엉덩이에 못이 박히게 공부한다. 노년을 생각하며 어떤 사업에 올인하기도 한다. 100년 안팎의 삶을 위해서도 앞을 내다보며 모든 것을 건다. 지금은 고생만 하는 어두운 터널 속이다. 하지만 미래를 바라본다.

밝은 빛이 쏟아지는 바깥으로 나가는 미래를 꿈꾸는 것이다.

미래를 미리 보고 싶어 하는 것은 나쁜 것이 아니다. 오히려 우리는 미래의 모습을 미리 보기 위해 모든 노력을 다한다. 경제학자를 찾아가기도 하고 미래 학자들의 글을 읽기도 한다. 문제는 오컬트 문화와 같은 불건전한 방식이다. 귀신의 도움을 받으려는 것 말이다. 그렇다면 건전하게 미래를 알 수 있는 방법은 없을까?

그 방법 중 하나는 성경을 보는 것이다. 성경은 예언으로 가득 차 있다. 구약의 28.5, 신약의 21.5퍼센트가 예언이다. 성경 전체의 27퍼센트나 예언이다[J. B. Payne, Encyclopedia of Biblical Prophecy (1980), 13]. 이것은 다른 종교와 전혀 다른 점이기도 하다. 불교, 힌두교, 이슬람교 그 어디에서도 이렇게 예언을 강조하지 않는다.

그럼 성경의 예언은 얼마나 맞을까? 마지막 날에 대한 예언은 아직 성취되지 않았다. 마지막 날에 대한 예언도 다 이루어지길 기다린다. 하지만 그 외에 모든 예언은 이미 다 이루어졌다. 그리고 다 맞았다고 기독교에서는 말한다. 그리고 이 예언과 성취는 증명할 수도 있다.

성경에 나오는 예언 중 가장 간단한 경우 하나를 보자! 창세기 12장 1-3절에 보면 하나님이 아브라함에게 고향을 떠나라고 하신다. 그리고 떠나면 큰 민족을 이루게 해주겠고, 유명하게 해주겠으며, 복의 근원이 되어 다른 족속이 그를 통해 복을 받게 하겠다고 말씀하신다. 확실히 아브라함은 큰 민족을 이루게 되었다.

그의 직계 후손이 유대인이다. 지금 유대인은 미국 정 · 재계 등에서 엄청난 영향력을 갖고 있다. 노벨상 수상자의 30퍼센트가 유대인이다. 또 이 라인에서 유대교, 기독교가 나왔다. 세계는 서양 문명을 딛고 있다. 서양 문명은 기독교의 세례를 받고 탄생했다. 세상은 아브라함을 통해 큰 축복을 받은 것 아닌가?

또 아브라함의 서자 이스마엘이 있다(창 16장). 이 사람은 아랍 족속의 조상이다. 이들에게서 이슬람이 나왔다. 세계 인구 중 기독교가 30퍼센트, 이슬람교가 20퍼센트를 차지한다. 지구상의 절반이 아브라함을 자신들의 영적 조상으로 생각한다. 이 예언이 나왔을 때 아브라함은 아들도 없는 작은 족속의 족장에 불과했다. 그는 분명 큰 민족을 이루었다. 분명 성취된 예언이 아닌가?

왜 성경에는 예언이 많을까? 그것은 믿음을 주기 위해서라고 한다. 예수께서는 자신의 죽음과 부활을 미리 제자들에게 말씀하신다. 그리고 미리 말씀하시는 이유는 그 일이 일어난 후 믿게 하려는 것이라 했다(요 14:29). 예언이 한두 번 우연히 맞을 수는 있다. 하지만 그 수가 열 번, 백 번, 천 번으로 계속 늘어 간다면?

아직 일어나지 않은 일에 대한 예언도 모두 맞지 않을까? 그래서 성경은 예언을 강조한다. 예언은 과학의 자연법칙과 비슷하다.

사과가 이번에도 땅 쪽으로 떨어질까? 하늘로 날아가지는 않을까? 아무도 모른다. 하지만 지금까지 계속해서 땅으로 떨어졌다. 그러니 앞으로도 계속 땅으로 떨어질 것을 '믿는다.' 중력의 법칙이다.

성경은 믿을 이유를 준다. 무작정 믿으라고 하지 않는다. 우리는 믿음을 가지고 현재를 산다. 공부를 열심히 해야, 또는 일을 열심히 해야 미래에 성공한다는 믿음을 갖는다. 그래서 열심히 산다. 미래를 미리 바라보는 것이다. 미래를 위해 현재를 희생한다. 더 좋은 날을 위해서 말이다.

그렇다면 죽음 후 영원의 세계를 위해 더더욱 모든 것을 걸어야 하지 않을까? 어떤 이는 죽으면 다 끝난다고 말한다. 어떤 이는 천국과 지옥이 있다고 말한다. 또 어떤 이는 다른 것으로 다시 태어난다고 말한다. 그것을 미리 알 수만 있다면 그것에 모든 것을 걸 텐데!

죽음 너머에 무엇이 있는지는 죽어 봐야 안다. 그러니 믿음이 필요하다. 성경은 믿을 이유를 준다. 그것이 예언과 성취다. 다른 종교와 다른 점이다.

2. 오컬트, 예언, 사실 또는 사기?

요즘 오컬트 문화니 '사령' 카페니 하는 같은 것들이 급속도로 확산되고 있다고 한다. 그러고보니 내가 중학교 때 유행하던 거와 그리 다르지 않다. 두 사람이 볼펜을 같이 잡고 일본어 주문을 외우면 죽은 자의 영혼이 온다는, 그래서 손 빙의가 일어나서 저절로 볼펜이 움직여서 대화할 수 있다는 거였다.

사령은 '죽은 자의 영혼' 이라는 뜻이다. 다만 그때와 다른 점은 지금은 인터넷을 이용해 카페 활동을 하면서 더 빠르고 넓게 퍼질 수 있다는 것이다. 신촌 살인 사건이 이 카페 회원들과 관련

이 있다고 해서 더 충격을 주고 있다.

이런 신비적인 현상을 어떻게 보아야 할까? 성경에서는 신접한 자를 믿거나 따르지 말라고 한다(레 19:31). 즉, 하나님 외에 다른 신과 교접하지 말라는 것이다. 왜 그들의 말을 믿지 말아야 할까? 그건 그들이 거짓말쟁들이기 때문이다. 성경이 그렇게 이야기한다(요 8:44). 그것들은 거짓말하는 데 선수다.

제일 먼저 하는 거짓말이 '내가 어떤 죽은 자의 영혼' 이라는 거짓말이다. 중학교 때도 한 친구가 그런 것을 했었는데, 엘비스 프레슬리의 영혼이 내렸다고 했다. 그래서 무슨 얘기를 나누었느냐고 물었더니 하나님이 있느냐고 물었다고 한다. 있다고 하여서,

어떤 분이냐고 다시 물었더니 무섭다고 했단다.

나중에 성경을 보니 이런 구절이 있었다. "네가 하나님은 한 분이신 줄을 믿느냐 잘하는도다 귀신들도 믿고 떠느니라"(약 2:19). 하지만 자기가 엘비스 프레슬리의 영혼이라는 것은 거짓말이다. 성경은 사람이 죽은 다음 바로 천국이나 지옥으로 간다고 말하기 때문이다(눅 16:19-31). 그래서 그들은 타고난 거짓말쟁이들이다.

왜 그런 거짓말을 할까? 아마도 자기들을 쉽게 받아들이게 하려는 의도일 것이다. 작년에 돌아가신 할아버지의 영혼이라고 한다든지 자기가 좋아하는 가수, 예를 들면 엘비스 프레슬리라고 하면 친밀감을 느끼게 되리라. 그러면 쉽게 자기를 받아들이게 할 수 있기 때문이다.

하지만 이와 비슷한 신비적인 현상이 사기인 경우도 생각해 봐야 한다. 의심해 보아야 한다. 성경은 하나님의 선지자라고 하면서 그의 예언이 맞지 않으면 가짜라고 했다(신 18:22). 성경에 나오는 모든 선지자는

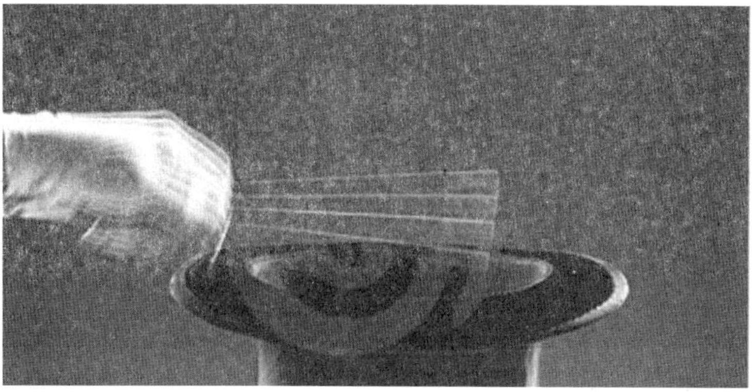

이 시험을 통과한 사람들이다. 즉, 예언이 다 맞은 것이다. 하지만 그렇지 않다고 말하는 사람들도 계속 있어 왔다.

구약성경에 보면 이사야란 선지자가 나온다. 그는 주전 8세기 후반에 예언을 받았다고 한다. 그 예언 중에는 100년 후에 일어날 일이 기록되어 있다. 바로 페르시아의 왕 고레스에 대한 것이다. 그는 이스라엘이 성전을 다시 만들게 해주겠고(사 44:28), 또 온 세상을 정복할 것이라 예언한다(사 45:1). 중요한 것은 그의 이름까지 말했다는 것이다. 100년 후에 태어날 사람인데 말이다.

이걸 예언이 아니라는 사람들은 계속 흠집을 내려 했다. 그래서 이사야서 1-39장은 원래 이사야가 썼지만 40-66장은 후대 이사야의 제자들이 썼다고 주장하기도 한다. 즉, 고레스 왕이 태어난 다음에 제자들이 이사야의 예언인 척하며 썼다는 것이다. 한마디로

사기라는 것이다. 그럼 이걸 그들이 증명할 수 있을까?

여러 이유를 댄다. 1-39장과 40-66장은 문체, 단어가 다르다고 말하기도 한다. 하지만 문체, 단어가 다르다고 다른 사람이 썼다는 증거는 못 된다. 1-39장은 이사야가 아주 젊었을 때 썼고, 40-66장은 국제 국내 정세가 완전히 바뀐 후 아주 나이가 많았을 때 썼을 수도 있다. 그리고 단어들이 다르기도 하지만 같기도 하다(예를 들면 "이스라엘의 거룩한 자"는 이사야서 모든 장에 걸쳐 퍼져 있다).

가장 확실한 증거가 될 수 있는 것은 1-39장짜리 사본이 있고 1-66장까지 한꺼번에 붙어 있는 사본이 있는 경우다. 그럼 제자들이 원래 이사야 예언인 1-39장에 자기들이 쓴 예언인 40-66장을 붙인 증거가 될 테니까. 하지만 그런 사본은 한 번도 발견된 적이 없다. 1-66장 통째로 된 사본들만 발견되었다(옛날에는 인쇄 기계가 없어다 필사가가 손으로 베껴 써야 했다. 그래서 원본이 있고 그 원본을 베껴 쓴 것을 사본이라 한다. 먼저 원본이 있고, 또 그것을 베껴 쓴 사본이 있고 또 그 사본을 베껴 쓴 사본이 있고, 이렇게 해서 고대 책들은 우리에게 전해졌다).

그러면 이 예언이 성취되었다는 것을 증명할 수는 있을까? 그것도 쉽지는 않다. 그러려면 고레스 왕이 태어나기 전에 쓰인 원본이나 사본이 발견되어야 하는데 그런 건 발견된 적이 없다. 고대 사본들이 대개 그렇다. 고대 사본들은 대개 원본보다 한참 후에 쓰여진 사본들만 발견된다.

그래서 고레스 왕에 대한 예언은 예언인지 사기인지 확실한 증거가 없다. 하지만 한 가지 분명한 것은 성경의 예언이 확실히 틀렸다고 말할 만한 증거가 발견된 적이 없다는 것이다. 이 종교가 거짓말로 가득 차 있다는 증거가 분명하다면, 이렇게 많은 사람이 그것을 믿을 리가 없지 않은가? 현재 세계 인구의 3분의 1이 기독교를 믿고 있다. 오컬트도 마찬가지다. 그렇게 오랫동안 많이들 그것에 심취한다면 거기에는 분명 뭔가 있다. 물론 거짓말도 섞여 있지만.

■ **참고문헌**

존 오스월트, NIV 적용주석, 이사야(2004), 40-83.

5부

예수는 다시 살아났는가?

1. 저그 러쉬와 예수의 시체/ 예수의 시체는 어디로 갔는가?

요즘 인터넷에서는 저그 러쉬(zerg rush)에 대한 관심이 뜨겁다. 저그 러쉬는 구글(Google)이 만든 작고 귀여운 게임이다. 검색창에 저그 러쉬를 치면 조그만 O가 끝없이 나온다. 그리고 검색자는 그 O를 클릭해 없애야 한다. 저그는 스타크래프트에 나오는 자기 복제를 잘하는 괴물이다. O가 자기 복제하는 것을 빗대어서 붙인 이름이다. 재밌는 것은 그 O가 부활절 달걀처럼 생겼다는 것이다. 그래서 'Zerg Rush Easter Eggs' 라고 한다. 미국의 부활절 문화가 녹아 있기도 한 게임이다.

저그 러쉬와 부활절의 공통점은 또 있다. 둘 다 거짓말과 관련되어 있다. 저그 러쉬는 재미를 위한 속임수다. 친구에게 저그 러쉬를 쳐보게 하라! 멋모르고 낭패를 당한다. 그냥 장난이다. 하지만 예수의 부활을 둘러싼 거짓말과 속임수는 더 어둡다. 장난이 아니다.

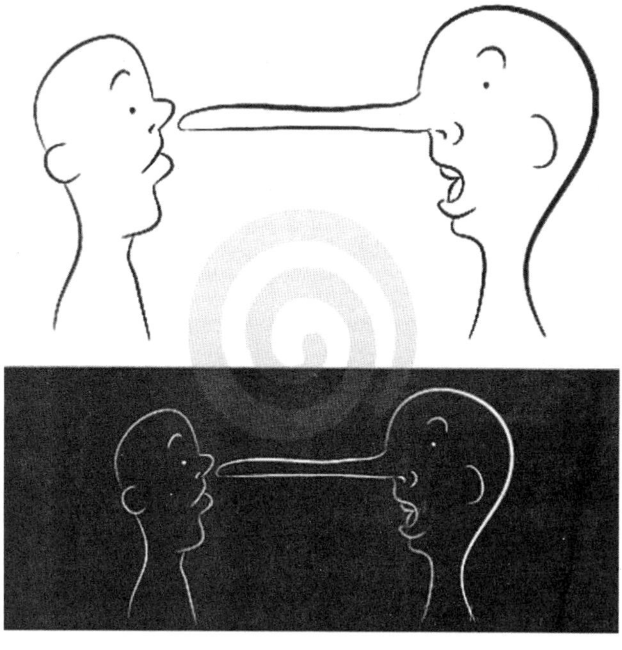

거짓말하는 자와 진실을 말하는 자의 대결

이것은 인류 역사에서 끊이지 않고 계속되는 싸움이다. 성경에 나오는 대표적인 것이 '예수는 부활했는가' 이다. 마태복음 28장

11-15절에 보면, 당시 유대교 지도자였던 대제사장들과 장로들은 로마 군인들에게 돈을 주었다고 한다. 그리고 그 대가로 예수의 제자들이 예수의 시체를 훔쳐갔다고 거짓말하게 했다고 한다. 사실은 그가 부활해서 그의 무덤이 빈 것인데 말이다.

여기서 둘 중 하나는 거짓말을 하고 있다. 예수의 제자들 아니면 유대교 지도자들이 거짓말한 것이다. 제자들이 실제로 예수의 시체를 훔치고 부활했다고 거짓말을 했을까? 아니면 실제 성경 기록대로 당시 유대교 지도자들이 거짓말을 하고 매수했을까?(초기 교회 교부들의 글을 보면 유대교 지도자들의 이 주장은 널리 퍼져 있었다.)

거짓말은 여러 가지 이유에서 한다. 먼저 자신의 이익을 위해서 한다. 또는 단지 증오심이나 시기심에서 하기도 한다. 첫 번째 경우를 생각해 보자. 둘 중에 누가 거짓말을 해서 어떤 이익을 얻을 수 있었을까? 당시 유대교 지도자들이 거짓말로 얻을 수 있는 것은 너무나도 많았다. 종교, 정치, 경제가 모두 일치하는 고대사회에 유대교 지도자들은 모두 종교 지도자이자 정치, 경제계에서도 기득권 세력이었다. 그리고 당시 기득권은 로마 제국의 승인 또는 묵인을 받아야 했다.

그런데 예수는 유대교의 기존 체제를 거부했다. 즉, 그들의 기득권을 거부한 것이다. 게다가 수많은 사람이 그를 따랐다. 그러니 예수는 그들에게 눈엣가시였다. 그에 대해 거짓말을 할 때 얻을

것은 참으로 많았다.

그러면 예수의 제자들은 어떨까? 거짓말로 어떤 이익을 얻을 수 있었을까? 부활하지도 않은 예수를 부활했다고 거짓말할 때 얻는 이익은? 없다! 돈이든 지위든 명예든 아무것도 없었다.

사실 예수의 가르침은 그런 것을 얻으려 하지 말라는 것이었다. 이 세상에서 자기 생명을 미워해야 영생을 얻는다고까지 했다(요 12:25). 그런 것들을 얻으려면 당시 기존 유대교 체제와 그 비호 세력 로마 제국과 싸워 이겨야 했다.

하지만 다 알고 있듯이 예수의 가르침은 비폭력과 사랑이었다. 원수를 사랑하라고 했고, 오른뺨을 맞거든 왼뺨도 내밀라 했다(마

5:39, 44). 예수가 옳다고 믿는다면 오히려 세상의 이익을 포기해야 했다. 그런 것들을 얻을 방법들마저 포기해야 했다.

물론 단지 증오심 때문에 거짓말을 했을 수 있다. 부활이 이루어지지 않았다고 가정해 보자. 하지만 유대교 지도자들과 그 뒤에 있는 로마가 너무 미운 것이다. 그래서 그들에게 흠집을 내려고 음모를 꾸몄을 수 있다. 충분히 가능하다. 그런데 문제는 그다음에 보게 되는 그들의 삶이다. 예수의 대표적인 열두 제자들은 요한 빼고는 모두 순교한다. 그것도 잔인하게 말이다.

예를 들면 마태는 서기 60년경 에티오피아에서 땅에 못 박혀 목 베임을 당한다. 베드로는 서기 64년경 로마에서 거꾸로 십자가에 못 박혀 죽는다. 바돌로매는 아르메니아에서 산 채로 찢겨 죽는다[Joan Comay와 1명, Who' s Who In the Bible(New York: Random House, 1993), 294, 337, 42].

거짓말을 위해 자신의 온 삶을 바치고, 그것도 모자라서 생명까지 바치는 사람이 있을까? 죽기 바로 전에라도 예수가 부활했다고 전한 것은 모두 거짓말이라고 고백하며 죽음을 피하지 않겠는가? 자신도 예수처럼 부활하리라는 믿음이 없었다면 그렇게나 많은 사람이 순교까지 할 수 있었을까?

똑같이 빈 무덤을 본다. 그런데 한쪽은 제자들이 시체를 훔쳤다고 한다. 다른 쪽, 제자들은 부활했다고 한다. 누구의 말이 옳을까?

2. 조수빈과 부활 사건을 보는 눈

2012년 5월 2일 오후 9시 KBS의 생방송 진행 중 조수빈 아나운서(31)가 방송 사고를 친 것이 요즘 화제다. 뉴스를 시작하자마자 휴대폰 벨이 울린 것이다. 방송 중에는 휴대폰을 소지할 수 없는데 실수를 한 것이다. 바로 꺼서 아무 일 없는 듯이 진행을 했지만 그에 대해 말이 많다. 물론 본인이 규정을 어기고 프로답지 못하게 행동한 것은 잘못이다. 하지만 개인적인 사정이 있지는 않았을까? 남모르는 문제로 속앓이를 하고 있지는 않았을까? 그래서 정신이 없어 실수를 한 것은 아닐까? 이해할 만한 실수였을지 모른다는 생각을 모두에 대해 가져 보자! 그럼 우리 사회는 더 따뜻하게 되지 않을까?

예수 부활 사건 논란도 비슷한 시각으로 보기도 한다. 예수의 제자들은 빈 무덤을 보며 부활했다고 말했다. 그런데 유대 지도자들은 예수의 제자들이 예수 시체를 훔치고 거짓말했다고 말했다. 둘 중 하나는 거짓말을 하고 있다. 아니면 어느 한쪽도 거짓말한 것이 아니라고도 한다. 즉, 이해할 만한 실수가 있었다는 것이다.

그럼 부활 이야기는 어떤 실수로 생겨났다는 것인가? 그것은 예수의 제자들이 너무나 슬픈 나머지 환상을 보았다는 것이다. 잠시 정신 상태에 문제가 생겼다는 것이다. 한마디로 인간적으로 이해할 만한 상황이라는 것이다. 자신이 너무나도 사랑하고 존경하던 분이 돌아가셨다. 자신의 모든 것을 걸고 좋은 세상 만드실 분으로 믿던 분이 돌아가셨다. 그럼 그분이 다시 나타나는 환상이나 환각 같은 것을 경험하지 않았을까?

이 이론의 문제는 빈 무덤을 설명하지 못한다는 것이다. 그럼 도대체

예수의 시체는 어디로 갔다는 말인가? 단지 환상을 본 것이라면 시체는 그대로 동굴 무덤에 남아 있어야 한다. 그런데 문제는 이 물증이랄 수 있는 시체가 사라졌다는 것이다. 아무리 날고 기는 미국 CSI 팀이라도 뭔가 물증이 있어야 사건을 풀지 않겠는가? 그것이 머리카락이든 손톱 끝 만한 피부 조각에 있는 DNA든 절반쯤 되는 지문 자국이든……. 좀비도 아닌데 시체가 혼자 걸어 나갔을 리도 없고……. 고대 문서 어디에도 유대교 지도자들이 예수의 시체가 여기 있다고 내놓으며 부활 주장을 반대했다는 기록은 없다. 예수의 제자들이 시체를 훔쳤다고 주장했다는 기록은 있어도. 또 다른 이론이 있다. 이것도 이해할 만한 상황이라는 투다. 제자들이 의도하지 않게 신화가 만들어졌다는 설이다. 즉, 예수의 시체는 십자가에 그냥 달렸다는 것이다. 그래서 새가 다 쪼아 먹었거나 공동묘지에 던져져 개들이 먹어 버렸다는 것이다.

그런데 제자들은 몇 달 후에 예수의 죽음이 아무 의미가 없다는 것을 깨달았다는 것이다. 즉, 그분은 우리 마음 안에 살아 계시다. 그분의 숭고한 사랑이 중요한 것이다. 그 귀한 가르침을 마치 그분이 다시 살아난 듯이 가르치는 것이 중요하다. 이런 것들을 깨달았다는 것이다.

그런데 시간이 지나면서 오해가 생겨난다. 그리고 여기저기 살이 붙으면서 실제로 몸이 부활했다는 신화가 탄생되었다는 것이다. 사실은 그 숭고한 정신이 부활했다는 이야긴데 말이다.

이 이론도 똑같은 문제점을 갖고 있다. 그럼 무덤이 빈 것은 제자들이 시체를 훔쳐서 그렇다고 말했던 유대교 지도자들은 무엇인가? 이들이 보기에 분명 시체가 무덤에 안치되었고 다음에 시체가 없어졌기 때문에 이런 주장을 편 것이다. 애초에 시체를 동물들이 먹어 버려서 없어졌다면 유대교 지도자들은 이런 주장을 하지 않았을 것이다. 차라리 예수의 시체는 무덤에 안치된 적도 없다고 반박했을 것이다. 그런데 고대 문서 그 어디에도 그런 반박을 했다는 기록은 없다. 단지 시체를 그들이 훔쳤다고 주장했다는 기록만 있다.

게다가 이 이론은 신화가 어떤지도 제대로 모르고 있다. 할리우드 영화 "나니아 연대기"는 원래 소설이었는데, 이를 쓴 작가 C. S. 루이스는 옥스퍼드, 케임브리지 대학의 영문학 교수이기도 했다. 그는 무신론자로서 처음에는 부활 이야기 같은 건 다 신화 전설이라고 생각했다. 그런데 전공인 신화 전설 이야기를 계속 공부하다가 예수 이야기는 신화와 다르다는 것을 깨달았다. 다른 점은 세세한 점을 묘사하는 것인데, 그런 묘사는 현장을 보고할 때 하게 된다. 현대 소설에서는 리얼리티를 높이기 위해 그런 테크닉을 쓰지만 고대 시대에는 그런 테크닉이 없었다고 한다.

즉, 성경 이야기는 현장 보고 이야기든지 아니면 고대의 천재적인 이야기꾼이 지어낸 것일 수밖에 없다는 것이다. 이 깨달음은 그를 기독교인이 되게 하는 중요한 계기가 된다[Walter Hooper가 편집한 C. S. Lewis, Christian Reflections(Eerdmans, 1967), 155].

또 부활 이야기는 너무나 신화 같지 않다. 2세기에 쓰여진 베드로 복음서 같은 것은 후대에 신화화된 이야기다. 거기에는 예수 부활을 보기 위해 엄청난 사람들이 몰려왔고 세 남자가 나타나는데 그들 머리는 구름까지 닿았고 십자가가 나타나 말을 하는 등등 전형적인 과장과 꾸밈이 가득한 신화 이야기다. 하지만 성경 복음서의 부활 이야기를 읽어 보라. 무미건조할 정도이다. 단지 지진이 나고 천사 둘이 나타나고 여자 몇몇이 처음 보았고 하는 정도이다.

만일 신화 이야기를 지어낸다면 좀 더 화려하게 꾸며내지 않을까? 꾸며낸 것이라면 상상력이 정말 부족한 사람의 이야기이다. 게다가 여자가 첫 증인으로 나온다. 고대에는 여자를 천시했다. 고대 유대에서 여자는 증인의 자격조차 없는 것으로 여겼다(Josephus, Antiquities of the Jews, IV. xiii). 일부러 못 믿을 사람을 첫 증인으로 꾸며내는 사람도 있는가?

우리는 위에서 성경에 바탕을 둔 기독교가 세상을 어떻게 바꾸어 왔나를 보았다. 기독교는 계급제도를 없애는 데 공헌을 하기도 하고 여권을 향상시키는 데 도움을 크게 주기도 했다. 그 예로 로마와 조선의 경우를 들기도 했다. 그리고 성경은 과학적 사고방식의 틀을 내놓기도 했다. 이 모든 것들을 다른 종교와 비교하며 살펴보았다.

또한 성경의 내용들이 과학적 탐구 결과들과 그리 어긋나지 않는다는 것을 알게 되었다. 과학계의 연구 성과들이 나오면 나올수록 그것이 증명되어 온 것을 보았다. 그렇다면 적어도 우리는 기독교가 그리 나쁘지 않은 종교라고 결론 지을 수 있지 않을까? 심지어 우리가 사는 세상을 혁명적으로, 좋게 발전시켰다고 할 수 있지 않을까?

그런 결론까지 이르기 전에 한 가지 살펴보아야 할 문제가 있다. 어쩌면 기독교의 치명적인 결함이라고 할 수도 있는 그것은 기독교의 창시자라 할 수 있는 예수의 인간성 또는 정신 상태에 대한 문제다.

C. S. 루이스는 그의 책 《순전한 기독교》에서 이런 논리를 편 적이 있다. 예수는 석가나 공자 같은 위대한 인류의 스승 중 하나로 말할 수 없다. 왜냐하면 그는 자신을 신이라고 했기 때문이다. 인간이면서 자신을 신이라고 할 만한 사람은 거짓말쟁이나

미친 사람 밖에 없다. 그는 사이비 교주거나 광인이었다는 것이다. 아니면 정말 신이었거나. 지금 생각해도 일리가 있다.

큰 종교의 창시자는 모두 자신을 신이라고 말하지 않았다. 오히려 주위에서 신격화하려는 것을 극구 말렸다. 대표적으로 붓다는 바카리라는 병든 제자가 죽기 전에 마지막으로 자신을 경배하려 했을 때 "이 늙은 몸을 봐서 뭐하냐 불법을 보아야 한다"라고 답했다. 제자들은 그를 예배하려는 바카리의 청을 거부한 것에 깜짝 놀랐다고 한다(상응부경전 22:87 바카리). 그리고 자신은 길을 가리키는 사람일 뿐이라고 말하기도 했다(중부경전 107 산수가목건련경).

마호메트도 마찬가지다. 그는 말하길, 자신이 너희들과 똑같은 인간이라 했고(코란 18:110) 자신도 죽을 것이고 그들도 죽을 것이라 했으며(코란 39:30) 자신도 알라의 종이고(코란 2:23) 이슬람 개종자도 알라의 종이라 했다(코란 50:8).

예수는 어떤가? 그는 자신이 다른 사람의 죄를 용서할 수 있다고 주장했다(막 2:1-12). 당시 유대교에서 죄의 용서는 하나님만 할 수 있는 것으로 여겼다. 이것은 분명 자신이 인간 이상의 존재라는 말이다. 또 이스라엘 사회는 철저한 일신교 사회여서 자신을 신격화하는 행위나 말은 용납할 수 없었다. 그래서 신성모독을 하는 사람은 돌로 쳐 죽였다. 이 이유 때문에 예수는 돌에 맞아 죽을 뻔한 사건이 여러 번 있었다. 하나님을 친아버지라고 주장해, 유대인은 예수가 자신을 신과 똑같다고 말했다며 죽이려 했다(요 5:16-19). 또 자신이 하나님과 하나임을 주장하자, 유대인들은 자칭 하나님이라 했다며 돌로 치려 했다(10:27-33). 그래서 그의 주장대로 현재 기독교에서 예수는 제2의 하나님으로 예배받는다.

우리는 예수를 위대한 성인 중 한 명이라고 흔히 말한다. 하지만 성인은 거짓말하지 않는다. 성인은 지혜와 덕이 뛰어나 우러러볼 만한 사람을 뜻한다(Naver 국어사전). 큰 종교의 다른 창시자들은 나름대로 지혜와 덕이 있었다고 할 수 있다. 주위에서 떠받들며 신격화하려는 분위기에서도 자신은 그냥 인간일 뿐이라며 겸손의 미덕을 보였다. 하지만 예수는 철저한 일신교 사회의 분위기에서 자신의 목숨을 담보로 자신이 신인 양 말하고 행동했다. 이것을 어떻게 받아들여야 할까? 어떻게 이런 사람이 창시한 기독교가 세상을 혁명적으로, 좋은 곳으로 만들었다고 할 수 있을까? 인류 최대의 사기극을 벌인 사람이 어떻게 세상에 큰 도움이 된 것일까? 우연일까? 역사의 짓궂은 장난일까? 아니면 그는 정말 신이었을까?

판 권
소 유

성경이 만든 우리가 사는 세상

2012년 11월 15일 인쇄
2012년 11월 20일 발행

지은이 | 강신욱
발행인 | 이형규
발행처 | 쿰란출판사

주소 | 서울특별시 종로구 이화동 184-3
TEL | 02-745-1007, 745-1301, 747-1212, 743-1300
영업부 | 02-747-1004, FAX / 02-745-8490
본사평생전화번호 | 0502-756-1004
홈페이지 | http://www.qumran.co.kr
E-mail | qrbooks@gmail.com
qrbooks@daum.net
한글인터넷주소 | 쿰란, 쿰란출판사

등록 | 제1-670호(1988.2.27)

책임교열 | 박은아

값 9,000원

ISBN 978-89-6562-387-8 93230